項羽(항우)와 劉邦(유방), 秦始皇(진시황)을 만나더니!

項羽(항우)와 劉邦(유방), 秦始皇(진시황)을 만나더니!

초 판 1쇄 발행 2024년 5월 14일

엮 은 이 강남주
발 행 인 권선복
편   집 권보송
디 자 인 김소영
전 자 책 서보미
발 행 처 도서출판 행복에너지
출판등록 제315-2011-000035호
주   소 (07679) 서울특별시 강서구 화곡로 232
전   화 0505-613-6133
팩   스 0303-0799-1560
홈페이지 www.happybook.or.kr
이 메 일 ksbdata@daum.net

값 25,000원
ISBN 979-11-93607-31-2(03910)

Copyright ⓒ 강남주, 2024

도서출판 행복에너지는 독자 여러분의 아이디어와 원고 투고를 기다립니다. 책으로 만들기를 원하는 콘텐츠가 있으신 분은 이메일이나 홈페이지를 통해 간단한 기획서와 기획의도, 연락처 등을 보내주십시오. 행복에너지의 문은 언제나 활짝 열려 있습니다.

항우(項羽)와 유방(劉邦), 진시황(秦始皇)을 만나더니!

항우와 유방의 치열한 초한쟁패 이야기

사마천 지음 **강남주** 엮음

도서
출판 **행복에너지**

차례

항우와 유방, 진시황을 만나더니!

제1편

秦始皇(진시황)

- 각종 제도개혁으로는 -

- 각종 통일 정책으로는 -

- 진시황의 천하순시 -

- 진나라 멸망 -

제2편
―
西楚霸王(서초패왕) 項羽(항우)

― 項羽(항우)의 이름을 드높인 鉅鹿大戰(거록대전) ―

－ 項羽(항우), 스스로 西楚霸王(서초패왕)이 되다. －

ㅡ 楚漢爭霸(초한쟁패) ㅡ
서초패왕 항우와 한왕 유방과의 치열한 전쟁

ㅡ 鴻溝約條(홍구약조) ㅡ
서초패왕 항우와 한왕 유방이 홍구에서 맺은 약조

제3편

漢 高祖(한 고조) 劉邦(유방)

— 천자의 運氣(운기)를 타고난 漢(한) 高祖(고조) 劉邦(유방) —

－ 패공 유방, 函谷關(함곡관)에 진입하여

關中(관중)을 평정하고 咸陽(함양)에 입성하다. －

18. 초 회왕, 宋義(송의)를 상장군으로 임명하여

─ 反轉(반전)에 反轉(반전)을 거듭한 楚漢之爭(초한지쟁) ─

─ 漢王 劉邦(한왕 유방), 皇帝(황제)에 즉위하다. ─

– 漢 高祖(한 고조), 大風歌(대풍가)를 부르고 쓰러지다. –

故事成語(고사성어) · 名言名句(명언명구) · 名文章(명문장)

35. 3편 67. 公知其一(공지기일) 不知其二(부지기이) 또는 知一不知二
(지일부지이)

36. 3편 67. 夫運籌策帷帳之中(부운주책유장지중), 決勝於千里之外(결
승어천리지외), 吾不如子房(오불여자방(장량)), 鎭國家(진국가),
撫百姓(무백성), 給饋饢(급궤양), 不絶糧道(부절양도), 吾不
如蕭何(오불여소하), 連百萬之軍(연백만지군), 戰必勝(전필
승), 攻必取(공필취), 吾不如韓信(오불여한신).

37. 3편 67. 此三者皆人傑也(차삼자개인걸야), 吾能用之(오능용지), 此吾
所以取天下也(차오소이취천하야).

38. 3편 67. 項羽有一范增而不能用(항우유일범증이불능용), 此其所以爲
我擒也(차기소이위아금야)

39. 3편 70. 天無二日(천무이일), 土無二王(토무이왕)

40. 3편 71. 兎死狗烹(토사구팽)

41. 3편 77. 大風歌(대풍가)

42. 3편 79. 命乃在天(명내재천), 誰扁鵲何益(수편작하익)

〈 전국칠웅 개념도 〉

진(秦) 왕조 세계도(世系圖), 영씨(嬴氏)

전욱(顓頊) - 여수(女脩) - 대업(大業) - 대비(大費) (백예) - 대렴(大廉) -

|- 약목(若木) - 비창(費昌)

- 맹희(孟戲) - 중연(中衍) - 중휼(中潏) - 비렴(蜚廉) - 오래(惡來) - 여방(女防) -

|- 계승(季勝)

- 방고(旁皐) - 태궤(太几) - 대락(大駱) - 비자(非子) -

- 진중(秦中) - 장공(莊公) - 1.양공(襄公) - 2.문공(文公) -
B.C 844 - 822   821 - 778   777 - 766   765 - 716

3. 영공(寧公) - 5.무공(武公)
715-704   697-678

- 6.덕공(德公) - 7.선공(宣公)
677-676   675-664

- 4.출자(出子) - 8.성공(成公)
703-698   663-660

- 9. 목공(穆公)임호(任好)
659-621

- 10.강공(康公) - 11.공공(共公) - 12.환공(桓公) - 13.경공(景公)

620-609   608-604   603-577   576-537

- 14. 애공(哀公) - 15. 혜공(惠公) - 16. 도공(悼公) - 17. 여공공(厲共公)

    536-501   500-491   490-477   476-442

- 18. 조공(躁公)

    442-429

- 19. 회공(懷公) - 태자(太子) 소(昭) -20. 영공(靈公) - 24. 헌공(獻公)

    428-425   424-415   384-362

                  -21. 간공(簡公) - 22. 혜공(惠公) - 23. 출자(出子)

                  414-400   399-387   386-385

- 25. 효공(孝公) - 26. 혜문(惠文君) - 27. 무왕(武王)

    361-338   337-311   310-307

                        - 28. 소양왕(昭襄王) - 29. 효문왕(孝文王)

                            306-251   250

- 30. 장양왕(莊襄王) 자초(子楚) - 31. 시황(始皇帝)정(政) - 부소(扶蘇) - 33. 자영(子嬰)

    249-247   246-210   207

                       |

                - 32. 이세 황제(二世 皇帝) 호해(胡亥)

                    209-207

이 책을 내면서

33년 동안 사법부공무원으로 봉직하고 공직자로서 이 긴 세월을 무사히 마치고 퇴직하게 되었다는 데 안도와 감사의 마음을 가지면서, 은퇴생활은 '내 마음이 끌려서 하고 싶은 일을 하자'고 다짐하였다. 그래서 평소에 관심과 흥미를 가지고 있었던, 漢字學(한자학)과 中國歷史(중국역사), 中國哲學(중국철학) 등을 공부하다가, (사)전국한자교육추진총연합회 이사장이시던 고 陳泰夏(진태하) 교수님께서 개설한 漢字學(한자학) 강의를 수강하게 되었다. 그 이후 한자교육추진운동에도 참여하게 되어 지도위원으로 활동하면서 司馬遷(사마천)의 『史記(사기)』도 공부하게 되었다.

司馬遷(사마천)은 『太史公自序(태사공자서)』 즉 『史記(사기)』에서 紀傳體(기전체)(역사적 人物(인물)을 중심으로 역사를 敍述(서술)하는 방식)로 歷史(역사)를 쓰는 방법을 처음으로 사용하였다. 그는 역사를 기록할 때, 읽는 사람에게 사건의 의미까지 전하기보다는 判斷(판단)을 독자들에게 맡겨야 한다고 생각했다. 역사에 대한 解釋(해석) 대신 되도록 많은 역사 사실을 수집해 기록해 놓는 것이 독자들이 사건의 진상을 파악하는 데 도움이 되리라 생각했기에 資料(자료)를 수집하기 위해 여러 곳을 답사했고 이렇게 얻는 자료를 객관적으로 정리해

사기를 編纂(편찬)했다.

『史記(사기)』처럼 역사를 사실 그대로 객관적으로 기록해야 한다는 정신은 이후 줄곧 이어져 왔고, "歷史學(역사학)"이라고 하는 하나의 새로운 분야를 탄생시켰다. 역사학의 본원은 역사 敍事(서사)라고 하겠다. 역사 서사는 史實(사실)에 기초한 서사다. 司馬遷(사마천)의 『사기』는 중국 역사 서사의 最高峰(최고봉)이라고 하겠다. 『사기』가 기록한 방식인 紀傳體(기전체)는 역사를 기록하는 기준이 되다시피 했으며 인기 있는 역사 기록 방식이 되었다. 그래서 사마천의 『사기』를 "역사의 아버지"라는 이름으로도 부른다. 紀傳體(기전체)란 말은 帝紀(제기)와 列傳(열전)을 합해 붙인 名稱(명칭)이다. 제기란 皇帝(황제)의 기록을 엮어 놓은 것이고, 열전이란 개인 傳記(전기)를 엮어 놓은 것이다. 그러나 제기라고 해도 따지고 보면 여기에 실린 이가 황제를 지냈다는 것 말고는 열전과 다를 것이 없다. 그러한 점에서 紀傳體(기전체)란 個人(개인) 傳記(전기)를 묶어 놓은 역사책인 것이다.

기전체 역사책에는 成功(성공)과 失敗(실패)에 관한 이야기가 담겨 있고 他山之石(타산지석) 삼아 현재에도 참고할 수 있는 것이 많다. 일반적으로 『史記(사기)』라 하면 주로 열전에 관심이 많고 그에 관한 책들이 많이 출판되고 있다. 필자도 처음에는 열전에 많은 관심을 가지고 열전을 읽었다. 그런데 『史記本紀』를 보니, 어! 여기에 五帝(오제)와 夏(하), 殷(은), 周(주) 그리고 秦王朝(진왕조)와 秦始皇(진시황) 그리고 項羽(항우)와 漢 高祖(한 고조) 劉邦(유방) 등 皇帝(황제)의 기록이 있는 것이 아닌가! 그래서 중국 古代國家(고대국가)의 이야기가 실린『史記本紀(사기본기)』에 관심의 방향을 돌려서 본격적으로 사기본기를 읽기 시작하였다.

그러면서『사기본기』에 대하여, 위 전국한자교육추진연합회에서 발간하는,『한글과 漢字文化(한자문화)』라는 월간지에 2017년부터 2012년까지 4년여 동안『사기본기』12편에 관한 글을 寄稿(기고)하였다.

그래서 이 책에 앞서 2021년에 秦始皇(진시황)과 관련된 역사적 사실을 엮어서『사기 속의 진시황』을 출간하였으며, 2023년에 改訂版(개정판)을 출간하였다. 이번에는『項羽本紀(항우본기)』와『高祖本紀(고조본기)』기록을 바탕으로 위 월간지에 실은 부분에 싣지 못한 부분을 補充(보충)하고, 위와 관련이 있는 부분을『史記列傳(사기열전)』에서도 가져와서『항우와 유방, 진시황을 만나더니!』라는 제하의 본서를 出刊(출간)하게 되었다.

역사를 살펴볼 때, 어느 時代(시대)에 그 人物(인물)이 그가 몇 살 때 그 일을 겪었는지, 그 일을 했는지에 관한 정보는 역사를 立體的(입체적)으로 조명하는 데 매우 유용하다고 하겠다.

우리가 역사를 時代區分(시대구분)으로 나누어 생각하면서 錯覺(착각)을 하여서 그렇지 秦始皇(진시황)은 B.C. 259년생, 劉邦(유방)은 B.C. 256년생, 項羽(항우)는 B.C. 232년생으로 같은 시대의 사람들이다. 역사 속에서 그 주인공들의 나이를 떠올리며 그가 겪은 그 시대를 들여다보는 것은 興味(흥미)로운 일이라고 하겠다. 진시황이 B.C. 210년에 사망한 당시 나이는 50세였고, 유방은 47세 항우는 23세였다(중국에서의 관례대로 태어난 해를 한 살로 계산한 것임. 이하 본

　시황제와 유방은 겨우 3살 차였다. 당시 시황제를 잇게 되는 이세호해는 20세였으니 항우와는 겨우 3살 차였다. 이세 호해 당시 유방과 내통한 간신 趙高(조고)는 유방과 同甲(동갑)이었다. 그리고 楚漢爭霸(초한쟁패)라는 치열한 전쟁을 치른 유방과 항우의 나이 차이는 무려 24살 차이였다.　한 세대 차이가 나는 정도라고 하겠다. 당시에 남자는 17세가 되면 성년이었는데 유방은 34세에 사수정 亭長(정장)이 되었으며, 결혼도 늦게 37세에 해서 자식을 본 것도 40세였으며 군사를 일으킨 것도 48세 황제가 된 것도 50세이니, 그는 전형적으로 晩熟(만숙)한 인물이었다.

　이렇듯 같은 시대에 살면서 그가 겪은 역사적 사실들과 그 인물들의 나이를 비교하면서 당시의 상황을 생생하게 불러내는 것을 '새로운 역사 感覺(감각)'이라고 하겠다.

　이 책을 제대로 읽으려고 하는 독자는, 중국 지도를 펴놓고 백지 한 장에 책에 나오는 사건이 일어난 연도 및 그 사건과 관련된 주요 인물의 당시의 나이를 적어보며, 책에 나오는 사건이 일어난 지역과 장소를 지도에서 확인하며 읽는 것이다. 시대는 지금으로부터 2200여 년 전으로 돌아가고 공간은 현재의 광활한 중국영토가 아닌 진시황이 천하를 통일하였다고 하는 疆域(강역)으로 돌아가서 이를 염두에 두면서 읽었으면 한다.

　이 책은, 中國天下(중국천하)를 통일한 진시황으로부터 항우와 유방이 치열한 다툼을 거쳐 오늘날도 連綿(연면)히 이어져 오고 있는 중국역사의 뿌리인 漢(한) 나라가 건국되는 과정을 엮은 것이다.

이 책을 읽는 독자들이 項羽(항우)와 劉邦(유방)이 어떠한 과정을 거쳐서 유방이 승리자가 되어 漢(한) 나라가 건국이 되었는가 하는 과정을 알게 되고 이런 과정에서 나타난 역사적 시실로부터 敎訓(교훈)으로 삼을 수 있는 資料(자료)가 된다면 그것으로 보람을 삼고 싶다.

그리고 故事成語(고사성어)로 오늘날까지도 膾炙(회자)되고 있는 名言名句(명언명구) · 名文章(명문장) 항목 차례를 별도로 실어서 독자들이 쉽게 참고하도록 하였다.

이 책을 흔쾌히 발간하여 주신 행복에너지 출판사 권선복 사장님과 편집 교정 팀에게도 감사의 인사를 전합니다.

은퇴생활 20년을 맞이하면서도, "나의 마음이 끌려서 하고 싶은 일을 계속할 수 있다."는 스스로의 삶의 조건과 나의 주변 사람들, 그리고 주어진 환경에 감사한 마음을 가집니다.

2024년 2월 14일

샛강 寓居(우거)에서

芽山(아산) 姜南柱(강남주)

제1편

秦始皇
(진시황)

1. 秦(진)나라 諸侯王(제후왕) 嬴政(영정)이 천하를 통일하다.

秦王(진왕) 嬴政(영정)이 즉위 17년째인 B.C. 230년 內史(내사) 騰(등)으로 하여금 韓(한) 나라를 공격하게 하는 것을 시작으로 여섯 나라에 대한 대대적인 공세를 취하여, 마지막으로 B.C. 221년 齊(제)나라를 멸망시켜, 진 나라 제후 왕 嬴政(영정)이 중국 천하를 통일하였다. 이리하여 500여 년에 걸친 국가 간의 분쟁을 종식시키고 중국 역사의 新紀元(신기원)을 열었다.

2. 여섯 나라를 병합한 순서는,

　진 나라가 여섯 나라를 併合(병합)한 순서를 보면, B.C. 230년 韓(한) 나라를(존속 기간 104년), B.C. 225년 魏(위) 나라(존속 기간 145년)를, B.C. 223년 楚(초) 나라(존속 기간 519년)를, B.C. 222년 燕(연) 나라(존속 기간 111년)를, B.C. 222년 趙(조) 나라(존속 기간 105년)를, B.C. 221년 齊(제) 나라(존속 기간 139년)를 각 병합하였다.

3. 천하를 통일한 疆域(강역)은,

　진왕이 통일한 천하의 疆域(강역)은 약 300만 제곱킬로미터로 한
반도 남북한을 합친 면적의 15배 가량되는 방대한 帝國(제국)이었
다. 동쪽으로 동해(黃海: 황해) 바다와 조선에 이르렀고, 서쪽으로는
臨洮(임조, 지금의 감숙성 민현)와 羌中(강중, 지금의 청해성 동부)에까지 이르
렀으며, 남쪽으로는 北嚮戸(북향호, 지금의 광동성 광주, 광서성 남녕 등지)까
지 이르렀고, 북쪽으로는 황하를 근거지로 하여 要塞(요새)를 쌓아
陰山(음산, 지금의 내몽고 중부)을 넘어 遼東(요동)에 이르렀다.

4. 진왕 오만해져서 자신을
'始皇帝(시황제)'로 부르게 했다.

진왕이 천하를 통일한 후, 자신을 皇帝(황제)라 칭하도록 하고 스스로를 칭할 때에는 '朕(짐)'이라고 하였으며, 후세는 二世(이세), 三世(삼세)라 하도록 하였다. 그러면서 시황은 교만하고 오만해져서 스스로의 공적이 五帝(오제: 黃帝(황제)), 顓頊(전욱), 帝嚳(제곡), 堯(요), 舜(순))를 뛰어 넘고, 領土(영토)는 三王(삼왕: 하의 우왕. 은의 탕왕. 주의 문왕. 무왕)보다 넓다고 하며, 그들과 동등하게 비교되는 것을 羞恥(수치)로 여겼다.

각종
제도개혁으로는

5. 周(주)나라 火德(화덕)을 水德(수덕)으로 대체하다.

　　五行(오행) 사상의 終始五德(종시오덕), 즉 음양가 芻衍(추연) 등이 오행설에 근거하여 역사의 발전과 왕조의 교체에 대하여 주장한 일종의 순환이론으로, 堯舜(요순) 黃帝(황제)는 土德(토덕)이고, 夏王朝(하왕조)는 木德(목덕), 商王朝(상왕조)는 金德(금덕), 周王朝(주왕조)는 火德(화덕)이므로 주 왕조를 대체할 덕은 반드시 水德(수덕)이라야 된다고 보았으므로, 이 원리에 근거하여 진나라는 水德(수덕)이라고 宣布(선포)하였다.

6. 한 해의 시작은 10월을 첫 달로 정했다.

한 해의 시작을 10월을 첫 달로 정했으며, 朝庭(조정)의 賀禮式(하예식)도 10월 초하루에 거행하게 하였다. 의복, 깃발, 符節(부절, 대나무 등으로 만든 신표나 신분표시) 등의 색을 검은색(오행설에 의하면 흑색은 물을 상징함)으로 통일했다. 각종 수치를 6으로 통일하여 부절과 법관(어사가 쓰는 관모)의 길이를 6寸(촌)으로 규정하고, 수레바퀴 사이의 폭을 6尺(척)으로, 6尺(척)을 1步(보, 여섯 자)로, 수레 한 대를 끄는 말의 수를 여섯 마리로 정했다.

황하의 이름을 德水(덕수)로 바꾸어 수덕의 시작임을 알렸다.

7. 행정구역을 郡縣制(군현제)로 시행하다.

정위 李斯(이사)(후에 승상이 됨)의 주장에 따라 종래의 封建制(봉건제)를 버리고 郡縣制(군현제)를 채택하여 천하를 36개(나중에 48군) 群(군)으로 나누고 군에는 守(수)(군의 행정장관), 尉(위, 군의 군사장관), 監(군의 감찰장관)을 두었다.

각종
통일 정책으로는

8. 법률을 통일하고 제도의 통일로는,

저울, 길이, 용량, 무게 등 도량형 단위 통일로 경제생활을 원활하게 하였으며, 7국 문자의 통일로 방대한 중국을 하나로 묶는 데에 중요한 역할을 했으며, 書體(서체)도 刻石(각석)은 小篆體(소전체), 공문은 隸書體(예서체)로 통일했다. 貨幣(화폐)도 진나라의 半兩錢(반양전, 圓形方孔(원형방공): 동그라미에 네모 구멍이 나 있음) 화폐로 통일시켰다. 이는 경제권 통합이라는 면에서 반드시 중요한 조치였다. 그리고 車同軌(거동궤) 즉 마차바퀴 간의 거리를 일정하게 통일하였다.

9. 도로망 건설로는,

皇帝(황제)가 巡撫(순무)할 때 다닐 목적으로 전국을 통하는 馳道(치도)를 건설하였는데, 폭 50步(보)(주척으로 6자)에 3丈(장)(한 자의 열배로 약 3미터에 해당)마다 청송 가로수를 심었다.

直道(직도)는 甘泉宮(감천궁, 진나라 이궁으로 지금의 섬서성 건현)에서 九原郡(구원군, 지금의 내몽고 포두시 서쪽)에 이르는 직선 도로망으로, 대외적으로 匈奴(흉노) 방어를, 대내적으로는 군사력 강화에 중점을 두었는데, 아울러 경제와 문화 발전을 촉진했다.

五尺度(오척도)는 불편했던 서남 변방으로의 통행을 위해 구축된 비교적 좁은 도로인데, 中原(중원, 중국문화 발원지인 황하 중류에서 하류에 이르는 지역을 일컬음)과의 정치, 경제, 문화 교류가 강화되었다.

甬道(용도)는 천정이 없는 터널 모양의 황제 전용도로로 진시황의 행차를 볼 수 없도록 하기 위하여 만들어졌다.

10. 수로 개통으로는,

B.C. 236년 咸陽(함양) 북쪽에 鄭國渠(정국거)를, B.C. 219년에는 湘江(상강, 호남성을 흐르는 강)과 灕江(이강, 광서성 계림)을 있는 靈渠(영거, 지금의 광서성자치구 계림시 흥안현)를 파서, B.C. 214년, 한수-장강-상강-이강-주강구에 이르는 수로를 완공하였다. 현존하는 세계 最古(최고)의 제방 및 수로 건축물 중의 한 곳이다.

11. 인구 이주정책으로는,

수도권 경제 활성화와 지방세력 견제를 위하여, 전국의 부호 12 만 호를 수도 함양으로 이주시키고, 3만 가구를 驛邑(역읍)으로, 5 만 가구를 雲陽(운양. 지금의 섬서성 순화현 서북)으로 이주시키고, 세금 과 徭役(요역)을 면제해 주었다.

12. 거대한 각종 토목공사로는,

천하 통일 후 진나라 왕조의 통치 기간은 몇십 년도 안 되었는데, 수많은 土木工事(토목공사)를 벌였다. 그중에서 萬里長城(만리장성)은 이미 중국의 상징이 되었고, 秦始皇陵(진시황릉), 진시황릉 兵馬俑(병마용), 진시황릉 地下宮(지하궁)은 지금까지 가장 신비한 왕릉으로 알려져 있다. 그 외에 阿房宮(아방궁)을 비롯하여 수백 채의 궁전을 지었다.

통일 대업을 이룬 진시황이 위와 같이 각종 정책과 조치들을 단행했으나, 모든 일을 강력한 법에 따라 결정하고 仁義(인의)나 恩惠(은혜) 그리고 너그러움 따위가 없이 오직 刻薄(각박)하여야 오덕의 水(수덕인 물은 음이며 음은 형벌과 살육을 주관한다고 생각했다)에 부합한다고 여겼다.

그리고 焚書(분서)와 坑儒(갱유)를 통한 愚民化(우민화) 정책과 사상 문화 독재를 편 것은 민심을 더욱 잃을 수밖에 없었다. 이렇듯 苛酷(가혹)한 법 집행은 결과적으로 진나라가 빠르게 멸망하는 원인으로 작용하였다고 하겠다.

진시황의
천하순시

13. 진시황, 자신의 功績(공적)을 뽐내고자
천하를 巡視(순시)하다.

천하를 통일한 후 진시황은 자신이 시행한 각 종 통일정책을 점검한다고 통일을 이룬 이듬해인, B.C. 220년부터 B.C. 210년 마지막 순시까지 총 다섯 차례 순시를 다녔다. 순시하는 곳마다 자신의 功績碑(공적비)를 세웠는데, 이를 刻石碑(각석비)라 부른다. 그리고 儒生(유생)들과 상의해서 碑石(비석)에 진 나라의 공적을 노래하는 내용을 새겼고 아울러 封禪(봉선, 하늘과 땅에 제사를 지내는 일)과 여러 山川(산천)에 제사를 지냈다. 또 方士(방사, 신선의 술법을 닦은 사람)들의 부추김으로 엄청난 비용을 들여 끝없이 神仙(신선)과 不死藥(불사약)을 찾았으나 아무런 소득도 얻지 못했다.

14. 1차 천하 순시

진시황 27년(B.C. 220년), 진시황은 隴西(롱서, 지금의 감숙성 임조현 남쪽)와 北地(북지, 지금의 감숙성 경양현 서남쪽)를 순시하고 鷄頭山(계두산, 지금의 감숙성 평량현 서쪽의 공동산을 가리킴)을 지나서 回中宮(회중궁, 지금의 섬서성 봉상현 남쪽에 위치)을 경유하였다. 渭水(위수, 감숙성 위원현에서 황하로 흐르는 강) 남쪽에 信宮(신궁)을 지었으며, 얼마 후에 極廟(극묘)라고 개명하여 北極星(북극성)을 象徵(상징)하였다. 극묘에서 酈山(려산)까지 이르는 길을 뚫고 甘泉宮(감천궁)의 前殿(전전)을 지었으며 양 옆으로 甬道(용도: 길 양쪽으로 벽을 쌓아올린 길)를 수축하여 함양까지 통하게 하였다. 그리고 황제가 순시할 때 다닐 목적으로 馳道(치도)를 닦았다.

15. 2차 천하 순시

진시황 28년(B.C. 219년), 시황이 동쪽으로 군현을 순시하다가 鄒峰山(추역산, 지금의 산동성 추현 동남쪽에 위치)에 올라 碑石(비석)을 세웠다. 시황이 자신의 공적을 노래한 이 비를 각석비라 하는데, 추역산, 태산, 양보산, 지부산, 낭야산, 갈석산, 회계산까지 모두 일곱 개가 있다. 그리고 魯(노, 지금의 산동성 태산 남쪽 지역) 지역의 儒生(유생)들과 상의해서 진나라의 功德(공덕)을 노래하는 내용을 상의 하고, 아울러 封禪(봉선)과 여러 산천에 제사를 지내는 望祭(망제: 여러 명산 대천을 바라보며 그것에 제사 지내는 의식)에 대해 논의하였다.

마침내 泰山(태산, 지금의 산동성 태안시 북쪽에 위치)에 올라 비석을 세우고 제단을 쌓아 하늘에 제사를 지냈다. 이어서 하산하여 梁父山(양보산)에서 땅에 제사를 지내고 비석을 세워서 글을 새겼다. 이어 渤海(발해)를 끼고 동쪽으로 향하여 黃縣(황현, 지금의 산동성 황현 동쪽)과 腄縣(추현, 지금의 산동성 문등현 서쪽)을 지나 成山(성산, 지금의 산동성영성현 동북 영성산)에 오른 다음 之罘山(지부산, 지금의 산동성 복산현 동북쪽 바다 가운데 지부반도에 위치)에 올라 비석을 세워 진나라의 공덕을 노래하고 떠났다.

진시황이 남쪽으로 琅邪山(낭야산, 여기서는 땅 이름, 지금의 산동성 교남현에 위치)에 올라서 크게 기뻐하며 석 달을 머물렀다. 그리고 그곳

백성 3만 호를 낭야산 아래로 이주시키고 琅琊臺(낭야대)를 지어서 비석을 세우고 진의 공덕을 노래하면서 찬양하는 내용과 자기의 의기양양한 심정을 나타내는 비문을 새겼다.

진시황이 돌아오면서 彭城(팽성, 지금의 강소성 서주시)을 지날 때, 재계하고 祠堂(사당)에서 기도한 후 泗水(사수)에 빠진 周鼎(주정: 진 소양왕 때에 周(주)나라에서 九鼎(구정)을 빼앗아서 함양으로 옮기다가 한 鼎(정)을 사수에 빠뜨렸다고 한다)을 꺼내기 위해서 천여 명을 보내 물 속에 들어가 정을 찾도록 하였으나 찾지 못했다.

그러자 서남쪽으로 淮河(회하: 하남성 동백산에서 발원하여 안휘성, 강소성을 지나 삼강영에서 장강으로 흘러듦)를 건너 衡山(형산, 지금의 호북성 황강 서북)과 南郡(남군, 지금의 호북성 강릉 서북)으로 갔다. 長江(장강: 양자강의 중국식 표기)에서 배를 타고 湘山祠(상산사, 지금의 호남성 악양현 서쪽 동정호 가운데 위치하는 사당)에 이르렀을 때, 마침 큰 바람을 만나서 하마터면 강을 건너지 못할 뻔하였다.

진시황이 박사들에게 "湘君(상군)은 어떤 신인가?" 묻자, 박사들이 "堯(요) 임금의 女息(여식, 순에게 시집간 堯(요) 임금의 두 딸인 아황과 여영을 가리킴)으로서 舜(순) 임금의 아내가 되었는데, 죽어서 이곳에 묻혔다고 들었습니다."라고 대답했다. 그러자 진시황이 크게 노하여 죄수 3,000명을 보내 상산의 나무를 모두 베게하여 그 산을 붉은 벌거숭이로 만들어버렸다. 진시황의 오만한 모습을 보여주는 예이다. 시황제가 남군으로부터 武關(무관, 지금의 섬서성 단봉현 동남쪽 단강에 위치)을 거쳐서 都城(도성)으로 돌아왔다.

16. 3차 천하 순시

진시황 29년(B.C. 218년), 시황제가 동쪽으로 행차하였다. 陽武縣(양무현, 지금의 호남성 원양현 동남쪽)의 博狼沙(박랑사, 지금의 호남성 원양현 남쪽)에 이르렀을 때 강도를 만나 몹시 놀랐다(장량이 大力士(대력사)와 함께 鐵槌(철퇴)로 시황을 저격하였으나 실패한 사건으로 「留侯世家(유후세가)」에 자세함). 범인을 잡으려고 하였으나 잡지 못하자 열흘 동안 전국에 대대적인 搜索令(수색령)을 내렸다.

之罘(지부)에 올라 글을 새긴 비석을 세웠다. 東觀(동관)에도 또 비문을 새겨 비석을 세웠다. 그러고 나서 시황은 낭야로 갔다가 上黨(상당, 지금의 산서성 장자현 남쪽)을 거쳐서 咸陽(함양)으로 돌아왔다.

17. 4차 천하 순시

　진시황 32년(B.C. 215년), 시황이 碣石山(갈석산, 지금의 하북성 창려현 북쪽)에 가서 燕(연) 나라 사람 盧生(노생)을 시켜서 羨門(선문)과 高誓(고서, 전설 속의 두 仙人(선인)의 이름)를 찾도록 했다. 성곽을 허물고 제방을 팠으며 갈석산에 비문을 새겼다.

　시황이 북쪽 邊方(변방)을 순시하고 상군을 지나 돌아왔다. 燕(연) 나라 사람 盧生(노생)이 바다에 나갔다가 돌아와서 귀신에 관한 일로 인하여 讖緯(참위: 秦漢(진한) 시대에 미래의 일을 예언한 글)의 글월을 上奏(상주)하였다. 거기에는 "秦(진)을 망하게 할 자는 胡(호)이다."라고 쓰여 있었다. 후에 진 나라가 멸망하게 한 사람은 아들 胡亥(호해)인데, 시황은 오히려 胡人(호인 즉 匈奴(흉노))라고 여겼다. 이에 진시황은 장군 蒙恬(몽염)으로 하여금 군사 30만 명을 동원하여 북방의 호인을 공격하게 하여 河南(하남, 지금의 낙양시 동북 지역을 가리킴) 지역을 빼앗아 점령하였다.

18. 마지막 5차 천하 순시

진시황 37년(B.C. 210년), 10월 癸丑日(계축일)에 시황이 순행에 나섰다. 좌승상 李斯(이사)가 수행하고, 우승상 馮去疾(풍거질)이 都城(도성)을 지켰다. 막내아들 胡亥(호해)가 함께 따라갈 것을 간청하니, 황제가 허락하였다. 11월 雲夢(운몽, 호북성 무한 이서, 공안 이동, 잠강 이남, 장강 이북)에 이르러 九疑山(구의산, 지금의 호남성 영원현 남쪽)에 올라 禹(우), 舜(순) 왕에게 제사를 지낸 후, 장강의 물줄기를 타고 아래로 내려가다가 강폭이 좁은 곳에서 강을 건넜다. 會稽山(회계산, 지금의 절강성 소흥시 남쪽에 위치)에 올라서 大禹(대우)에게 제사 지내고 남해를 바라보며 그곳에 비석을 세워서 진나라의 공덕을 노래하였다.

19. 項羽(항우)와 劉邦(유방),
진시황의 행차를 바라보며 歎息(탄식)하기를!

항우가 탄식하기를,

진시황이 회계산을 유람하고 浙江(절강)을 건너는데, 항량과 항우가 함께 그 모습을 지켜보았다. 항우가 말하기를, "저 사람의 자리를 빼앗아 내가 대신할 수 있으리라(彼可取而代也, 피가취이대야)"고 하니, 항량이 놀라서 항우의 입을 막으며 말하기를, "함부로 망언을 하지 마라, 삼족이 멸하게 된다!(毋妄言, 族矣(무망언, 족의)"라고 하였다. 그래서 항량이 이 일로 해서 항우를 범상치 않은 인물로 여기게 되었다.

유방이 탄식하기를,

유방도 일찍이 당시 진의 수도 함양에 가서 徭役(요역)을 하고 있을 때, 어느 날 진시황의 행차를 일반 백성들에게 특별히 허락하여 다른 사람들과 함께 도로 양편에 늘어서서 그 광경을 구경하게 되었는데, "오호, 대장부라면 저 정도는 되어야지!(嗟呼 大丈夫當如此矣, 차호 대장부당여차의!)"라며 크게 탄식(喟然大息(위연대식))을 하였다고 한다.

20. 항우와 유방의 서로 다른 반응

　당시 23세의 항우와 47세의 유방이 진시황의 행차를 목격하고 보인 반응은, 항우는 진나라에 대한 초나라 사람 고유의 원한을 품고 그 자리를 자신이 빼앗아 차지하겠다는 격한 의지를 보였으며, 반면 유방은 대장부라면 저 정도는 되어야지라는 반응으로 두 사람의 서로 다른 性格(성격)과 氣質(기질)이 다름을 선명하게 대비시켜 나타냈다고 하겠다.

21. 진시황, 꿈에 海神(해신)과 싸우는 꿈을 꾸더니,

　　진시황이 돌아올 때 吳縣(오현, 지금의 강소성 소주시)을 지나서 江乘 (강승, 지금의 강소성 구룡현 북쪽)에서 강을 건넜다. 그리고 해안을 따라서 북쪽으로 올라가서 琅琊(낭야)에 이르렀다. 계속 바다를 따라서 서쪽으로 갔다. 진시황이 꿈에 海神(해신)과 싸웠는데 그 모습이 마치 사람의 형상과 같았다.

22. 진시황, 平原津(평원진)에 이르러서
갑자기 병이 나서 사구 평대에서 죽다.

平原津(평원진. 지금의 산동성 평원현에 위치함)에 이르러서 진시황이 갑자기 병이 났다. 그러나 죽는다는 말을 싫어했기 때문에 군신들도 감히 죽는 일에 대해서 말을 못했다. 황제의 병이 날이 갈수록 危重(위중)해졌다. 그제야 시황이 장남인 공자 扶蘇(부소)에게 보내는 璽書(새서, 황제의 도장을 찍어서 봉인한 편지)를 써서 말하기를, "咸陽(함양)으로 돌아와서 나의 喪事(상사)에 참석하고, 喪禮(상례)를 거행한 후 안장하라."라고 한 뒤 封印(봉인)한 다음 황제의 聖旨(성지)를 집행하는 符節(부절)과 玉璽(옥새)를 관리하는 中車府令(중거부령) 趙高(조고)가 있는 관부에 놓아둔 채, 아직 사자에게 건네지기도 전인 7월 丙寅日(병인일)에 시황은 沙丘 平臺(사구 평대, 지금의 하북성 광종현 서북쪽에 위치)에서 崩御(붕어: 황제의 죽음을 崩(붕), 제후의 죽음을 薨(훙)이라고 함)하였다.

23. 승상 이사, 진시황이 崩御(붕어)한 사실을
숨기고 發喪(발상)하지 않다.

승상 李斯(이사)는 황제가 외지에서 昇遐(승하)하였기 때문에 公子
(공자)들 사이에서나 혹은 천하에 變亂(변란)이 일어날까 두려운 나
머지 이 사실을 숨기고 發喪(발상, 초상난 것을 알리는 일)하지 않았다.
가정이지만 장자 扶蘇(부소)를 미리 太子(태자)로 冊封(책봉)하여 두었
더라면 자동적으로 태자 부소가 천자의 위를 이어 받았을 것인데,
시황이 막내 아들 胡亥(호해)를 태자로 책봉하려고 하면서 부소를
태자로 책봉하지 않고 있었다고 한다.

진시황의 棺(관)을 輼輬車(온량거. 창문을 열면 시원하고 닫으면 따뜻해지는
누울 수 있는 臥車(와거))에 싣고 전부터 총애를 받던 환관으로 하여금
함께 타게 하여 이르는 곳마다 황제에게 음식을 올리게 하고, 백
관들도 정상적으로 정무를 보고하게하여 宦官(환관)들을 시켜서 온
량거 안에서 결재하도록 하였다. 그래서 오직 공자 胡亥(호해). 승
상 李斯(이사). 당시 中車府令(중거부령: 황제의 수레를 관리하던 직책)과 符
璽令(부새령: 시황의 옥새를 관리하던 직책)을 겸하고 있던 趙高(조고) 및 시
황이 총애하던 환관 대여섯 명 정도만 황제가 죽은 사실을 알고
있었다.

24. 공자 胡亥(호해)와 승상 李斯(이사), 奸臣(간신) 趙高(조고)의 유혹으로 陰謀(음모)를 꾸미다.

　호해는 예전에 조고에게서 書法(서법) 및 獄律(옥률)과 법률을 배운 일이 있어 조고를 개인적으로 좋아하였다. 이에 조고는 공자 호해와 승상 이사를 유혹하여 음모를 꾸미기를, 시황이 공자 扶蘇(부소)에게 보내도록 한 璽書(새서)를 뜯어서 승상 이사가 사구에서 진시황의 遺詔(유조: 임금의 유언)를 받은 것처럼 거짓으로 꾸며서 胡亥(호해)를 太子(태자)로 삼은 것으로 하고, 또 공자 扶蘇(부소)와 장군 蒙恬(몽염)에게 보내는 새서를 만들어 그들의 죄목을 열거하며 그들에게 죽을 것을 명하였다. 이러한 사실은 모두 「李斯列傳(이사열전)」에 자세하게 기록되어 있다.

　일행이 계속 가다가 마침내 井陘(정형, 지금의 하북성 정형현 서북)을 지나 九原(구원, 지금의 내몽고 포두시 서쪽)에 이르렀다. 때는 찌는 듯한 무더운 여름이라 온량거에서 시체 썩은 냄새가 진동하였다. 侍臣(시신)들에게 명하여 소금에 절인 생선을 1石(석)씩 수레에 싣게 하여 시신이 썩은 냄새와 어물의 냄새를 구분하지 못하게 하였다. 수레의 행렬이 直道(직도: 시황 35년, B.C. 212년, 장군 蒙恬(몽염)에게 명하여 북쪽 九原(구원)에서 남쪽 雲陽(운양, 지금의 섬서성 순화현 서북)에 이르는 직통로를 건설하게 한 도로, 황제의 전용도로임)를 통해 咸陽(함양)에 도착한 후에야 죽음을 알리고 發喪(발상)하였다.

25. 僞造(위조)로 만들어진 진시황의 遺詔(유조)로 공자 胡亥(호해)가 二世 皇帝(이세 황제)가 되다.

陰謀(음모)에 의하여 위조가 된 유조에 의하여 公子(공자) 胡亥(호해)가 太子(태자)가 되고, 이어 始皇(시황)의 재위를 繼承(계승)하여 二世 皇帝(이세 황제)가 되었다(B.C. 209년). 그리고 그해 9월에 진시황을 驪山(여산, 지금의 서안시 동북 임동현 동남)에 安葬(안장)하였다. 시황은 즉위하자마자 여산에 무덤을 축조하는 공사를 시작하도록 하였으며, 천하를 통일하고, 이 공사를 위하여 전국 각지에서 勞役(노역)을 위해 온 사람이 70만 명이 넘었다. 이세의 명령으로, 先帝(선제)의 후궁 가운데 자식이 없는 자는 모두 殉葬(순장)시켜버리니 죽은 자가 많았다. 墓(묘) 안에 여러 시설들을 만든 匠人(장인)들과 그 일에 참여한 奴隷(노예)들도 모두 그것을 알고 있는데, 그들의 숫자가 많아서 漏洩(누설)될 것이라고 염려하여, 喪禮(상례)가 끝나고 보물들도 다 매장되자 墓道(묘도)의 가운데 문을 閉鎖(폐쇄)하고 또 묘도의 바깥문을 내려서 장인과 노예들이 모두 나오지 못하게 폐쇄하니 빠져나오는 자가 없었다. 묘지 바깥에 풀과 나무를 심어서 묘지가 마치 산과 같았다.

26. 二世 皇帝(이세 황제), 간신 趙高(조고)의 弄奸(농간)으로, 꼭두각시 황제가 되어 秦(진) 나라를 滅亡(멸망)의 구렁텅이로 몰고가다.

이세 황제 元年(원년)(B.C. 209년), 이세 황제 호해의 나이는 스물한 살이었다. 이세는 조고를 郎中令(낭중령, 궁전의 문호와 백관의 출입을 맡아 보는 관직)으로 삼아 조정의 대권을 管掌(관장)하도록 하고, 先帝(선제) 처럼 郡縣(군현)을 순무함으로써 국력의 강대함을 과시하고 위엄으로 온 천하 사람들을 복종시키려고 하였다. 그리고 조고와 隱密(은밀)히 상의하기를, "大臣(대신)들은 복종하지 않고 官吏(관리)들은 여전히 강력한 대다 여러 公子(공자)들까지 기어코 나와 다투려 한다." 고 하면서, 곧 이어 대신들과 공자들을 處刑(처형)하니 여러 가지 罪名(죄명)이 측근인 近侍(근시)의 미관말직인 三郎(삼랑: 中郎(중랑), 外郎(외랑), 散郎(산랑)을 가리킴)에까지 미치어 벗어날 수 있는 자가 없었다.

여섯 명의 공자들은 杜縣(두현, 지금의 섬서성 서안 동남쪽)에서 처형당 했고, 공자 將閭(장려) 등 형제 세 사람은 內宮(내궁)에 감금되었다가, 맨 나중에 세 사람 모두 눈물을 흘리며 칼을 꺼내 自決(자결)을 하니, 皇族(황족)들이 모두 두려움에 떨었다. 臣下(신하)들의 바른 말은 誹謗(비방)이라 여겨졌으며, 고관들은 封祿(봉록)과 職位(직위)를 지키기 위해서 몸을 사리고 백성들은 두려움에 몸서리쳤다.

27. 조고, 指鹿爲馬(지록위마)의 방식으로 국정을 농단하다.

조고가 中丞上(중승상)으로 임명되어 크고 작은 일들이 조고에 의해 결정되었다. 그러나 군신들이 명령을 듣지 않을까 염려되자, 먼저 시험해 보기 위해서 二世(이세)에게 사슴을 바치며 말하기를, "말입니다."라고 하였다.

이세가 빙그레 웃으며, "승상이 틀렸을 게요, 사슴을 말이라고 하는 구려."라고 말하고는 주변의 군신들에게 물으니, 어떤 사람은 묵묵히 있으면서 대꾸를 하지 않았고, 어떤 사람은 말이라고 대답하며 조고에게 아부했으며 또 어떤 사람은 사슴이라고 말하였다.

조고는 은밀하게 사슴이라고 말한 사람을 법을 빙자하여 모함하여 처벌하였다. 이래서 군신들이 모두 조고를 두려워하였다.

조고가 위와 같이 指鹿爲馬(지록위마)의 방식('사슴을 말이라고'하며 조고가 자신에게 반대하는 자들을 가려내기 위해 사슴을 말이라고 우긴 사연인데, 고의로 사물이나 상황을 왜곡해 진상을 가리고 옳고 그른 것을 뒤바꾸는 모략을 가리키는 故事成語(고사성어)가 됨)으로 자신의 반대세력을 제거해 나갔으며, 이세 황제 호해를 허수아비 황제로 만들고 모든 내외의 정사를 자신이 專橫(전횡)하였다.

진나라
멸망

이 무렵 천하는 벌써
大亂(대란)에 휩싸이기 시작했다.

28. 陳勝(진승)이 起義(기의)하고,
山東(산동)의 여섯 나라에서도 모두 일어나다.

B.C. 209년 7월에 변방을 지키려고 戍卒(수졸)로 가던 陳勝(진승)과 吳廣(오광)이 옛 荊(형) 땅에서 叛亂(반란)을 일으켜서 '張楚(장초: 진의 공자 부소와 초의 장수 항연의 이름을 빌려서 '장초왕'이라 함, 초 나라를 크게 넓힌다라고 하는 슬로건으로 보는 견해도 있음)'라고 이름하였다.

陳勝(진승)의 字(자)는 涉(섭)이며, 陽城(양성, 지금의 하남성 등봉현 동남쪽) 사람으로, 북부 변방 漁陽(어양, 지금의 하북성 밀운현 서북쪽)으로 戍(수, 무기를 가지고 국경을 지키는 일)자리 가던 중에 큰 비가 줄기차게 내려 강물이 불어나고 호수와 연못이 범람하여 길이 진창길로 변하여 지날 수가 없어 도저히 기한내에 도달할 수 없다고 판단하고, 도착이 지연되어 처벌 받을 것을 우려하여 동행 중이던 吳廣(오광)과 모의하여 900여 명을 규합하여 일어나니, 각지의 백성들이 호응하여 일어났다(「陳涉世家」에 자세함).

진승은 스스로 楚王(초왕)이 되어 陳縣(진현, 지금의 하남성 회양)에 주둔하면서, 여러 장수들을 파견하여 땅을 점령하게 하였다. 秦(진)나라 관리들에게 고초를 당했던 山東(산동, 函谷關(함곡관) 이동 지역 여섯 나라를 가리킴) 각지의 젊은이들은 모두 그 지방의 郡守(군수), 群尉(군위), 縣令(현령), 縣丞(현승)을 죽이고 반란을 일으켜서 진승에게 동조

하였다. 그들은 서로 候(후), 王(왕)이라 칭하며 연합하고 서쪽으로 진격하여 진나라를 토벌한다는 명분을 내세웠다. 그 수를 이루 헤아릴 수가 없었다.

어리석은 이세 황제는, 동쪽으로 사태를 파악하러 갔던 使者(사자)가 돌아와 반란이 일어난 사실을 제대로 보고하니 노하여 사자를 下獄(하옥)시키고 또 다른 사자를 보내 그가 돌아와서, "그들은 도적떼들이온대 각 군의 守尉(수위)들이 그들을 추격, 체포하여 지금은 모두 잡아들였으니 念慮(염려)할 것이 없습니다."라고 虛僞(허위)로 보고하니, 황제는 기뻐하였다.

武臣(무신, 진승의 部將(부장))은 스스로 趙王(조왕)이 되었고, 魏咎(위구, 진승의 부장)는 魏王(위왕)이 되었으며, 田儋(전담, 제나라를 재건한 인물로 후에 장함에게 살해당함)은 齊王(제왕)이 되었다. 沛公(패공) 劉邦(유방)은 沛縣(패현, 지금의 강소성 패현)에서 군사를 일으켰고, 項梁(항량, 楚(초)의 장수 項燕(항연)의 아들)은 項羽(항우, 항량은 항우의 季父(계부)임)와 함께 會稽郡(회계군)에서 군사를 일으켰다. 진승이 장초 정권을 세움으로써 포악한 진나라를 멸망시킬 대업을 열었으니, 『사기』에서도 진승의 일생을 왕후 세가인 「진섭세가」에 넣은 것이다.

29. 이세 황제, 장함으로 하여금
반군을 토벌하도록 하니,

이세 2년 겨울에 진승이 파견한 周章(주장) 등이 서쪽으로 戱水 (희수, 여산에서 발원하여 지금의 섬서성 임동현 동쪽을 거쳐 渭水(위수)로 흐름)에 이르니 병력이 10만 명이었다. 이세가 크게 놀라서 신하들에게 대책을 논의하도록 하자,

少府(소부, 九卿(구경)의 하나로 황재의 재산을 관리하는 직책) 章邯(장함)의 건의에 따라서 大赦免令(대사면령)을 내리고 장함으로 하여금 그들을 거느리고 周章(주장)의 군사를 격파하게 하고, 마침내 장함이 曹陽 (조양, 지금의 하남성 영보현 동남쪽에 있던 역정)에서 주장을 죽였다. 또 長 史(장사, 관직 이름) 司馬欣(사마흔)과 董翳(동예)를 파견하여 장함을 도와서 도적을 격퇴하게 하니, 진승을 城父(성보, 지금의 안휘성 호현 동남쪽)에서 죽이고, 향량을 정도에서 무찔렀으며, 위구를 臨濟(임제, 지금의 하남성 봉구현 동쪽)에서 죽였다. 楚(초) 땅의 도적(반란군)의 명장들이 죽고 나자, 장함은 황하를 건너서 巨鹿(거록, 지금의 하남성 평향현 서남쪽)에서 趙王(조왕) 歇(헐) 등을 공략하였다.

30. 간신 조고, 이세를 사실상 禁中(금중)에 幽閉(유폐)시키고 국정을 전횡하다.

　이 무렵 二世(이세)는, 조고가 公卿(공경. 조정의 고위 관원들)들과 접촉하는 것을 막자고 한 계략에 놀아나, 禁中(금중: 출입에 제한이 있어 侍御者(시어자)가 아니면 들어갈 수 없기 때문에 금중이라고 함)에만 거처하면서 趙高(조고)하고만 모든 국사를 결정하였다. 그래서 공경들이 천자를 朝見(조현)할 수 있는 기회가 아주 드물었다. 반란군이 갈수록 많아지자 關中(관중)의 병졸들을 동원하여 동쪽으로 반란군을 토벌하는 일이 계속되었다.

　우승상 馮去疾(풍거질), 좌승상 李斯(이사), 장군 馮劫(풍겁)이 여러 차례 諫言(간언)하였으나 듣지 않았을 뿐만아니라 그들을 監獄(감옥)에 가두어 버렸다. 결국 풍거질과 풍겁은, "재상이나 장수는 모욕을 당하지 않는다."라며 자살하였고, 이사는 五刑(오형: 黥刑(경형, 이마에 문신을 새겨서 수형 사실을 알게함. 鼻刑(비형, 코를 베는 형벌. 荊刑(비형, 발을 베는 형벌. 宮刑(궁형, 생식기를 자르는 형벌. 大辟(대벽, 사형을 가리킴))을 받았다. 이세 3년(B.C. 207년) 겨울, 조고가 승상이 되어 이사를 판결하여 腰斬(요참. 허리를 베어 죽이는 방법)으로 처형하였으며, 그의 三族(삼족)이 모두 처형당했다.

31. 장함이, 항우와 협약을 한 후 군대를 이끌고 항우에게 항복하다.

장함 등이 군사를 이끌고 거록을 포위하자, 초의 상장군 項羽(항우)가 병졸을 거느리고 거록으로 달려가서 구원하였다. 여름에 장함 등이 싸움에서 여러 차례 패하자, 이세가 사자를 보내 叱責(질책)하였다. 장함이 사정을 설명하고 이세의 지시를 청하기 위해 장사 사마흔을 보냈다. 그러나 조고가 접견을 거절하였을 뿐만 아니라, 서면으로 의견을 표시하는 것조차 허락하지 않았다. 사마흔이 두려워서 도망쳐 버리자 조고가 사람을 보내 그를 체포하려고 했지만 붙잡지 못하였다.

사마흔이 돌아와서 장함에게, "조고가 조정에서 정권을 장악하고 있으므로 장군께서 세운 공이 있어도 죽임을 당할 것이며 공이 없어도 죽임을 당할 것입니다."라고 말하였다. 그 무렵 항우가 秦軍(진군)을 기습하여 王離(왕리)를 사로잡으니, 장함이 항우와 협약을 하고 마침내 군대를 이끌고 항우 등 제후측에 투항하였다.

32. 山東(산동)의 옛 여섯 나라 후예들이, 왕과 제후가 되어 서쪽 진나라를 향하여 진격하다.

조고가 여러 차례에 걸쳐서, "關東(관동)의 도적들은 아무 일도 할 수 없을 것이다."라고 하였으나, 항우가 진의 장수 왕리를 사로잡고, 장함이 투항을 하고, 燕(연), 趙(조), 齊(제), 楚(초), 韓(한), 魏(위)가 모두 자립하여 왕이 되었다. 函谷關(함곡관) 동쪽은 모두 진나라를 배반하고 제후들에게 호응했으며, 項羽(항우)와 劉邦(유방)을 선두로 하여 제후들이 모두 抗秦(항진) 義軍(의군)이 되어 破竹之勢(파죽지세)로 서쪽 咸陽(함양)을 향해서 진격하였다.

33. 조고, 이세를 시해하고,
자영을 왕으로 세우다.

이때 조고가 이러한 變亂(변란)이 자신에게 미칠까 두려워서, 사위 咸陽令(함양령) 閻樂(염락), 아우 趙成(조성)과 의논하여, 정변을 일으켜 이세 황제가 望夷宮(망이궁)에서 자살하게 하는 방법으로 弑害(시해)했다. 이세 황제 호해는 스무 살에 즉위했다. 진시황 37년 8월부너 정사를 주관해서 이세 3년 8월에 자살했으니 재위 기간이 꼭 3년이었으며, 향년 23세였다.

이세 황제 종형 즉, 사촌형인 子嬰(자영, 자영의 태생 문제는 2000년 내내 사학계를 곤혹스럽게 하여왔으나, 최근 연구에 의하여 밝혀진 바에 의하면 자영은 始皇帝(시황제)의 동생인 長安君(장안군) 成蟜(성교)의 아들로 二世(이세) 皇帝(황제)의 사촌형으로 밝혀졌으며, 그 이름도 '子嬰(자영)'이 아닌 '嬴嬰(영영)'이라고 해야 하며, '시황제 동생의 아들 嬴(영)'이라고 읽어야 한다는 것임)을 진 나라 왕으로 삼았다(조고가 이제 육국이 다시 각자 독립하여 진의 국토가 갈수록 좁아지니, 이제 虛名(허명)으로 '帝(제)'라고 칭해서는 안 될 것이며, 예전처럼 '王(왕)'이라고 칭하는 것이 마땅하다고 하여서다). 평민의 예로써 이세를 杜縣(두현) 남쪽의 宜春苑(의춘원, 離宮(이궁)의 하나로 지금의 섬서성 장안현 남쪽)에 葬事(장사) 지냈다.

34. 子嬰(자영)이 趙高(조고)를 척살하고
유방에게 항복하다.

　다급해진 조고는 劉邦(유방)에게 사신을 보내서 關中(관중)을 분할하여 각자 왕이 될 것을 협약하자고 하였으나 유방이 이를 거짓이라고 거절하였다.

　자영은 조고가 해칠까 두려워서 두 아들과 공모해 병을 핑계로 朝庭(조정)에 나가지 않는 방법으로 조고를 齋宮(재궁)으로 유인하여 조고를 刺殺(척살)하고 조고의 삼족을 함양에서 처형하여 백성들에게 본보기로 보였다.

　자영이 진왕이 된 지 46일이 되던 날, 楚(초)의 장수 沛公(패공) 劉邦(유방)이 수만 명의 군사를 거느리고 진나라 군을 격파하고 武關(무관)을 함락시키고, 이윽고 霸上(패상, 함양 장안 부근의 군사 요충지로서 지금의 섬서성 서안시 동쪽)에 도착해서 사신을 보내 자영에게서 투항을 약속받았다. 자영은 즉시 綏帶(수대, 천으로 만든 넓은 띠)를 목에 걸고 (임금이나 장수가 목숨을 승자의 처분에 맡긴다는 의미), 백마가 끄는 흰 수레를 타고(전쟁의 패배자가 투항할 때의 차림), 천자의 玉璽(옥새)와 符節(부절)을 받들고 軹道(지도, 당시 장안성 동쪽의 첫 번째 驛亭(역정)) 부근에서 降服(항복)하였다. 여러 장수 중에 어떤 이가 진왕을 죽이자고 하니, 이미 항복해온 사람을 죽이는 것은 상서롭지 못한 일이라고 하며 관리에게 맡겼다. 이로써 진나라는 천하 통일을 한 후 15년(진 양공 8년에 개국한 이래 571년간 이어짐)만에 滅亡(멸망)하였다(B.C. 207년).

35. 패공 유방, 함양에 입성하였으나,
부고를 봉쇄하고 회군하여 패상에 주둔했으나,
후에 함양에 입성한 항우는 살육과 노략질을 하다.

沛公(패공) 劉邦(유방)이 드디어 함양에 입성하여 궁전에 머물며 휴식하려고 하자, 번쾌와 장량이 간언하므로, 진나라의 귀중한 보화와 재물창고 즉 府庫(부고)를 봉쇄시킨 후, 패상으로 회군하여 주둔하였다. 그로부터 달포가 지난 다음 항우를 비롯한 諸侯(제후)들의 군대가 도착했는데, 項羽(항우)가 縱長(종장, 제후들 합종국의 맹장)이 되어, 자영과 진 나라 공자 및 황족들을 죽이고 함양의 백성들을 殺戮(살륙)하고 궁실을 불태우고 부녀자들을 차지하였으며 진귀한 보물과 재물들을 거두어 제후들과 나누어 가졌다.

이와 같이 항우는 당초의 약조를 어기고, 항복한 진왕 자영을 죽이고 살륙과 노략질을 하고 진의 궁궐을 불사르고 시황제의 묘를 파헤쳤으며 진나라의 재물을 사사로이 차지하였다(항우와 유방의 대조적인 처신).

36. 항우, 스스로 西楚霸王(서초패왕)이 되어
전권을 전횡하다.

진 나라 땅을 셋으로 나누어 雍王(옹왕, 진나라의 투항한 장수 장함이 다스렸던 지역으로 지금의 섬서성 중부와 감숙성 동부지역), 塞王(새왕, 사마흔이 다스렸던 지역으로 지금의 섬서성 동부지역), 翟王(적왕, 董翳(동예)가 다스렸던 지역으로 지금의 섬서성 북부지역)이라 이름하고 이를 三秦(삼진)이라 불렀다.

항우는 스스로 西楚霸王(서초패왕)이 되어 政令(정령)을 주관하고 專橫(전횡)하여, 마음대로 천하를 나누어 제후 왕들을 봉하였다(원래의 제후왕들은 다른 곳으로 쫓아내고 私事(사사)로이 자기 마음에 맞는 장수들을 좋은 지방 왕으로 삼고 먼저 관중에 진입하여 평정한 자가 왕이 되기로 약속하였거늘, 당초 약속을 어기고 항우 마음대로 패공 유방을 오지인 蜀漢(촉한)의 왕으로 봉한 것).

그로부터 항우와 유방 사이에 5년에 걸친 치열한 전쟁을 거친 끝에 천하는 漢王(한왕)인 劉邦(유방)의 漢(한) 나라에 의해서 통일되었다(B.C. 202년, 유방 55세).

제2편

西楚霸王
(서초패왕)
項羽
(항우)

項羽(항우)의 이름을 드높인
鉅鹿大戰(거록대전)

1. 원래 楚(초)나라 명문가 제후의 후손인 項羽(항우)

항우는 원래 下相(하상, 지금의 강소성 숙천현 서남) 사람으로 이름은 籍 (적)이며 字(자)는 羽(우)다(B.C. 232년 출생. 유방은 B.C. 256년 출생). 그의 先祖(선조)는 대대로 楚나라에서 장수를 지낸 武將(무장) 집안이며, 대대로 項(항, 지금의 하남성 침구현 남쪽) 땅의 제후로 봉해졌으므로 성 을 項氏(항씨)로 하였던 것이다.

그의 季父(계부)는 項梁(항량)이며 항량의 부친은 楚나라 장수 項 燕(항연)으로, 진나라의 장수 王翦(왕전)에게 사수군 기현에서 패배 한 뒤 자결했다(B.C. 224년. 진왕 정 23년). 항연이 죽었을 때 항우는 겨 우 9세였다. 그는 숙부 항량 밑에서 자랐다. 항량은 항연의 넷째 아들이다.

2. 항우는 어려서부터 공부를 싫어했다.

항우(항적)가 어렸을 때, 글을 배웠으나 얼마되지 않아 싫증이 나서 다 마치지 못한 채 抛棄(포기)하고 劍術(검술)을 배웠는데 이 또한 다 마치지 못하였다. 항량이 怒(노)하여 나무라니 항우가 말하기를 "글은 이름을 쓸 줄 아는 것으로 충분하고 검은 한 사람만을 상대할 뿐이니 깊이 배울 것이 못되니, 만인을 對敵(대적)하는 일을 배우겠습니다."라고 하였다.

이에 항량이 항우에게 兵法(병법)을 가르치니 항우가 크게 기뻐하였으되 이것도 그 뜻만을 대략 알고는 끝까지 배우고자 하지는 않았다.

3. 항량과 항우, 원수를 피하여 오중현으로 가다.

항량이 일찍이 櫟陽縣(역양현, 지금의 섬서성 임동현 동북쪽)에 갇힌 적
이 있었는데, 蘄縣(기현, 지금의 안휘성 숙현 남쪽)의 獄掾(옥연, 獄官(옥관)으
로 연은 정관의 부관을 뜻함) 曹咎(조구)로 하여금 역양의 옥연인 司馬欣(사
마흔)에게 서신을 보내도록 부탁함으로써 일을 무사히 마무리할 수
있었다.

어느 날, 그의 숙부 항량이 어떤 사람과 서로 다투다가 실수로
그 사람을 殺害(살해)하여 항량과 항우가 함께 원수를 피하여 吳中
(오중, 현 이름, 지금의 강소성 소주시)으로 갔는데, 대대로 명장을 배출한
집안의 영향으로 항량은 병법을 잘 알았으며 사람들을 조직하는
능력이 탁월했다. 그래서 오중의 뛰어난 인재들이 모두 항량의 밑
으로 들어 왔다. 오중의 徭役(요역)과 喪事(상사)가 있을 때마다 항
량이 항상 주관하여 일 처리를 하였는데, 병법에 따라 隱密(은밀)히
賓客(빈객 즉 하객)과 젊은이들을 배치하고 지휘하여 그들의 재능을
알아두었다.

4. 항우가, 항량과 함께
秦始皇(진시황) 행차를 보더니,

　진시황이 會稽山(회계산, 지금의 절강성 소흥현 동남쪽)을 순시하며 遊覽(유람)하고 浙江(절강, 지금의 전당강을 가리킴)을 건너는데, 항량과 항우가 함께 그 모습을 지켜보았다(진시황 마지막 5차 순시인, B.C. 210년, 진시황 37년).

　항우가 말하기를 "저 사람의 자리를 내가 대신할 수 있으리라(彼可取而代也(피가취이대야))."고 하니, 항량이 놀라서 항우의 입을 막으며 말하기를, "輕妄(경망)스러운 말을 하지 말아라 三族(삼족)이 멸하게 된다(毋妄言, 族矣(무망언 족의)!"라고 하였다. 그러나 항량은 이 일로 하여 항우를 凡常(범상)치 않은 인물이라고 여겼다.

　항우는 이미 성년이었으며, 키가 여덟 자(당시의 한 자는 24센티미터였음)가 넘고, 힘은 큰 솥을 들어 올릴 정도였으며, 체력과 기백을 타고났으며 재기와 용맹이 보통사람을 뛰어넘었다. 항우를 접해본 사람이라면 누구나 두려운 마음이 생겼다. 그래서 吳縣(오현)의 젊은이들이 모두 항우를 두려워하고 있었다.

5. 항량, 항우와 함께 吳縣(오현)에서
會稽郡守(회계군수) 은통을 죽이고 蜂起(봉기)하다.

秦 二世 胡亥(진 이세 호해, 진시황이 죽자 간신 趙高(조고)와 승상 李斯(이사)가 모의하여 皇帝(황제)로 세운 시황의 막내 아들) 元年(원년 B.C 209년) 7월, 陳涉(진섭, 이름이 勝(승)) 등이 大澤(대택, 지금의 안휘성 숙현 동남쪽에 위치한 향의 이름)에서 진나라의 폭정에 항거하여 농민 봉기의 旗幟(기치)를 높이 들었다. 진승은 楚王(초왕)이 되었으며 초나라를 擴張(확장)한다는 뜻으로 國號(국호)를 張楚(장초)라고 하였다. (「陳涉世家(진섭세가)」에 자세함).

그해 9월 會稽(회계, 군 이름 지금의 강소성 남부, 절강성 대부분, 안휘성 남부, 군수부는 오현에 있었음) 郡守 殷通(군수 은통)이 項梁(항량)에게, "江西(강서, 長江(장강)의 이북지역을 통칭함) 지역 모두가 叛亂(반란)을 일으켰으니, 이는 하늘이 秦(진)을 滅亡(멸망)시키려는 때가 온 것이라고 하며, 나는 군대를 일으켜 그대와 桓楚(환초, 오중의 뛰어난 장수)를 장수로 삼고자 하오."라고 하였다.

이때에 환초는 대택으로 도망쳐 숨어 있던 터라, 항량이 말하기를, "환초가 도망하여 그가 있는 곳을 아는 자가 없는데, 오직 항우만이 그곳을 알고 있습니다."라고 하고는 즉시 밖으로 나와 항우에게 검을 가지고 처소 밖에서 기다리도록 하였다.

그리고 항량이 다시 들어가 군수와 대좌하여 말하기를 "청컨대 항우를 부르시어 환초를 데려오라는 명령을 내리도록 하십시오."
라고 하였다.

군수가 "좋소!"라고 하니, 항량이 항우를 불러들였다.

항우가 들어오고 잠시 후, 항량이 항우에게 눈짓을 하며 "때가
되었다!"라고 말하자. 항우가 마침내 검을 뽑아서 군수의 머리를
베었다.

항량이 군수의 머리를 들고 그의 印綬(인수, 도장과 도장을 매는 끈)를
차니, 군수의 부하들이 크게 놀라서 어지러이 우왕좌왕하는데, 항
우가 쳐죽인 사람만 해도 거의 100명에 가까웠다. 이리하여 온 府
中(군수부) 전체가 온통 놀라서 땅에 엎드리고는 감히 일어나지를
못했다.

항량이 곧 평소 알고 있던 힘있는 관리들을 불러서 대사를 일으
킨 이유를 설명하고, 마침내 오현에서 군대를 일으켰다. 그리고
手下(수하 즉 부하)를 보내어 관할 縣(현, 회계군 관할의 속현)을 거두고 精
銳軍(정예군) 8,000명을 얻었다. 항량은 오중의 호걸들을 각각 校尉
(교위), 侯(후), 司馬(사마)(모두 당시 군관의 명칭임) 등의 직위에 임명했다.

임용되지 못한 어떤 자가 항량에게 이유를 묻자, 항량이, "전에
누군가 喪(상)을 당하였을 때 그대에게 일을 맡겼는데 제대로 처리
하지 못하였소. 그래서 그대를 임용하지 않은 것이오."라고 답하
니, 사람들이 모두 놀라 탄복하였다.

이때 항량은 會稽郡 郡守(회계군 군수)가 되고, 項羽(항우)는 副將(부
장)이 되어 관할 縣(현)들을 다스렸다(B.C. 209년 항우 24세).

6. 진섭의 부하 소평이,
거짓으로 진왕의 명이라고 항량을 속이고
초왕의 上柱國(상주국 즉 上卿(상경))이라고 하며 명하기를,

이때에 廣陵(광릉, 현 이름. 지금의 강소성 양주시에 현성이 있었음) 사람인 陳涉(진섭)의 부하 召平(소평)이, 陳王(진왕) 즉 진섭을 위해 광릉을 빼앗으려 하였으나 손에 넣지 못하였다. 그러다 진왕이 이미 패하여 도망쳤고 秦(진)나라 군대가 장차 공격해올 것이라는 소문을 듣고는 강을 건너 陳王(진왕)의 명이라고 詐稱(사칭)하여, 항량을 초왕 上柱國(초나라의 上卿(상경)으로, 상국에 상당하는 명예직)으로 봉하였다. 그리고는 말하기를 "江東(강동, 장강의 강남지역의 통칭임)은 이미 평정이 되었으니 군대를 이끌고 江西(강서)로 가서 진나라를 쳐라."라고 하였다. 항량은 이에 8,000명의 군사를 이끌고 장강을 건너서 서쪽으로 갔다.

7. 동양의 군관들과 경포와 포장군이 항량의 휘하에 들어가다.

그런데 陳嬰(진영)이 이미 東陽(동양, 현 이름 지금의 강소성 우치현 동남쪽)을 함락시켰다는 소식을 듣고는 사신을 보내어 연합하여 함께 서쪽으로 진격하려고 하였다.

陳嬰(진영)은 본래 동양의 슈史(영사, 현령 밑의 작은 관리, 슈吏(영리)라고도 함)로, 평소에 信義(신의)있고 愼重(신중)하여 長子(장자, 후덕하고 덕이 높은 어른)로 칭해졌다. 동양현의 젊은이들이 그 현령을 죽이고, 진영이 辭讓(사양)하였으나 사람들이 억지로 그를 우두머리로 삼으니, 현에서 그를 따르는 자가 20,000명이 되었다. 그러자 젊은이들이 진영을 왕으로 세우고자 하여 따로 푸른 천의 모자를 써서 蒼頭軍(창두군)이라고 명명하여 다른 군대와 구별하고 특별히 蹶起(궐기)한 뜻을 나타내었다.

그러나 진영의 母親(모친)이, "내가 너희 집안에 시집온 이래 네 선조 중에 귀한 사람이 있었다는 이야기를 들은 적이 없거늘, 네가 지금 갑자기 왕이란 이름을 얻는다고 하니 상서롭지 못하다. 차라리 남의 밑에 있는 것이 낫다. 일이 잘 되면 제후에 봉해질 수도 있고 일이 잘못되더라도 세상 사람들이 지목하는 인물이 아니니 도망치기도 쉬울 것이다."라고 하며 극력 반대를 하여,

진영은 감히 왕이 되지 못하고 자신의 軍官(군관)에게 말하기를

"項氏(항씨는 대대로 將帥(장수)의 집안이며 楚(초)나라에서도 이름이 높소, 그러니 지금 大事(대사)를 일으키고자 함에 그 사람이 아니면 안 될 것이오, 우리들이 名望(명망)있는 큰 집안에 의지하면 秦(진)을 틀림없이 滅亡(멸망)시킬 수 있을 것이오."라고 하였다.

이리하여 군관 모두가 그의 말을 따라서 자신의 병졸들을 데리고 항량의 麾下(휘하)에 들어갔다. 항량이 회음 방향에서 淮水(회수, 호남성 동백산에서 발원하여 안휘성, 강소성을 거쳐서 장강에 합류하여 황하로 흘러들어가는 강)를 건너 북상하여 능현을 지나 하상현에 도착했다. 하상현은 항씨 가족의 봉토와 토대가 있는 곳이다.

진영의 군대가 합류한데 이어서 회남 일대에서 활동하던 英布(영포, 이마에 먹으로 글자를 새기는 형벌을 받아서 黥布(경포)라고도 하나 본래 이름이 英布임)와 蒲將軍(이름은 미상)이 군대를 이끌고 휘하에 드니, 무릇 총 6, 7만 명의 군대가 下邳(하비, 지금의 강소성 비현 서남쪽)에 駐屯(주둔)하기에 이르렀다.

항량이 선조에게 아뢰고 고향의 父老(부로)들를 안심시켰다. 그리고 항씨의 많은 종족이 항량의 군대에 합류했으며, 훗날 초나라 항씨 정권의 핵심이 되는데 이들 가운데 項伯(항백), 項莊(항장), 項它(항타), 項冠(항관), 項聲(항성), 項悍(항한) 등이 있다.

8. 진가가 초왕의 동족 경구를 왕으로 세웠으나,

　이 무렵 秦嘉(진가, 능현 출신, 지금의 강소성 숙천현 사람으로 진 말에 起義(기의)한 장수 중의 하나)가 진왕 진섭이 장함에게 패퇴한 후 그 소재가 杳然(묘연)해지자, 진가가 景駒(경구, 전국 말 초왕의 동족)를 초왕으로 옹립하여, 彭城(팽성, 지금의 강소성 서주시) 동쪽에 진을 치고는 항량의 군대를 막으려고 하였다.

　항량이 "이것은 陳王(진왕)을 背叛(배반)하고 경구를 왕으로 세웠으니 이는 大逆無道(대역무도)한 일이다."라고 하고는 즉시 진군하여 진가를 공격하였다. 이에 진가의 군대가 패주하자 항량은 그들을 胡陵(호릉, 지금의 산동성 어대현 동남쪽)까지 추격하였다. 반격하던 진가가 하루 만에 전사하자 그의 군대는 投降(투항)하였고, 경구는 梁(양, 지금의 하남서 동부 일대) 지역으로 달아나서 그곳에서 죽었다(B.C 208년).

9. 패공 유방, 설현에서 항량에게 합류하다.

항량이 진가의 군대를 合兵(합병)하고 나서 호릉에 진을 치고는 장차 군대를 이끌고 서쪽으로 진격하려고 하였는데, 秦(진)의 장수 章邯(장함)의 군대가 栗縣(율현, 지금의 하남성 하읍현)에 이르니, 항량은 별장 朱鷄石(주계석)과 餘樊君(여번군)으로 하여금 맞서서 싸우도록 하였으나 여번군은 전사하고 주계석의 군대는 패하여 호릉으로 도주하니, 항량이 바로 군사를 이끌고 薛縣(설현, 지금의 산동성 등현의 남쪽)으로 들어가서 주계석을 죽였다.

그보다 먼저 항량은, 항우에게 별도로 襄城(양성, 지금의 하남성 양성현)을 공격하게 했는데 양성의 수비가 견고하여 陷落(함락)시키지 못하였는데, 얼마 후 결국 항우가 성을 함락시키고 나서 모두 산 채로 땅에 묻어 버린 다음 돌아와서 항량에게 보고하였다.

항량은 陳王(진섭)이 확실히 죽었다는 소식을 듣고는 여러 별장들을 薛縣(설현)에 불러 모아 대사를 의논하였다. 이때 沛縣(패현, 지금의 강소성 패현)에서 군사를 일으킨 沛公 劉邦(패공 유방, 초나라의 현령을 '公'이라고 하였는데, 유방이 군대를 일으키며 스스로 패공이라고 했다)도 역시 참석하였다.

10. 항량, 범증의 건의로 초나라의 후손을 楚 懷王(초 회왕)으로 擁立(옹립)하다.

居鄛(거소: 지금의 안휘성 소현 서남쪽) 사람 范增(범증)은 나이가 일흔 살인데, 평소 出仕(출사)하지 않고 자신의 집에서 지내며 奇妙(기묘)한 계책을 생각하기를 좋아했는데, 그가 항량을 찾아가서 遊說(유세)하기를,

"楚 南公(초 남공, 초 남방의 음양가로 참언에 능했음)이, '초에 세 집만 남아 있어도 진을 멸망시킬 나라는 초다(楚雖三戶(초수삼호), 亡秦必楚(망진필초).'고 하였으며, 진섭이 맨 먼저 봉기하였으나 초의 후예를 세우지 않고 자립하였기 때문에 그 위세가 길지 못하였습니다. 지금 그대께서 江東(강동)에서 군사를 일으키시니 벌떼같이 일어난 초의 장수들이 모두 다투어 그대에게 귀의하는 것은 그대가 대대로 초나라의 장수로서, 다시 초나라의 後孫(후손)을 왕으로 세울 수 있으리라 여기기 때문입니다."라고 하였다.

이리하여 항량은 그의 말이 그럴 듯하다고 여기고는 민가에서 남의 양치기 노릇을 하던 懷王(회왕)의 손자 熊心(웅심)을 찾아서 왕으로 세우고, 楚 懷王(초 회왕, 이전에 진에게 속아서 진에서 죽은 회왕을 백성들에게 상기시키고자 한 의도였음)이라고 하니, 이는 백성들이 바라던 바를 따른 것이었다.

陳嬰(진영)은 초나라의 상주국이 되어 다섯 개의 현을 食邑(식읍)

으로 받고, 회왕과 더불어 旴台(우이, 지금의 강소성 우이현 동북쪽)에 도읍하였으며 항량은 스스로 武信君(무신군)이라고 하였다.

11. 항량, 驕慢(교만)해져 戰死하다.

몇 달 뒤, 항량은 군사를 이끌고 亢父(항보, 지금의 산동성 제령시 남쪽)를 공격하고, 齊(제)나라 田榮(전영, 제의 왕족으로 전담의 동생, 진승이 군대를 일으킨 후 전담은 스스로 제왕이 되었으나 나중에 장함에 의해서 죽임을 당하였다), 司馬龍且(사마용저, 제나라 사람으로 초나라의 용장으로 사마에 임용됨)의 군대와 함께 東阿(동아, 지금의 산동성 동아현 서남쪽)를 구원하고, 동아 일대에 진을 치고 있던 秦軍(진군)을 무찌르고 패주하는 진군을 추격하였다. 전영은 즉시 군대를 이끌고 들어가서 제나라 왕인 田假(전가, 전국 말년 제왕 전건의 동생)를 쫓아내고 전담의 아들 田市(전불)을 齊나라 왕으로 세웠다.

한편 항량은, 沛公 유방과 항우로 하여금 별도로 城陽(성양, 지금의 산동성 견성현 동남쪽)을 공격하게 하여 전멸시키고, 서쪽으로 진격하여 濮陽(복양, 지금의 하남성 복양현 서남쪽)의 동쪽에서 진군을 격파하니 진군은 복양으로 철수하였다. 이에 패공과 항우가 定陶(정도, 지금의 산동성 정도현 서북쪽)를 공격했으나 정도가 함락되지 않자 그곳을 버리고, 서쪽으로 공격하여 雍丘(옹구, 지금의 하남성 기현)에 이르러 진군을 대파하고 李由(이유, 승상 이사의 아들로 당시 삼천군수로 있었음)의 목을 베었다. 그리고는 回軍(회군)하여 外黃(외황, 지금의 하남성 민권현 서북쪽)을 공격했으나 외황은 함락되지 않았다.

항량이 東阿(동아)에서 출발하여 서쪽으로 定陶(정도)에 이를 때까지 두 차례나 진군을 무찌른 데다 항우 등이 李由(이유)의 목을 베자, 더욱 진나라를 輕視(경시)하고 驕慢(교만)한 기색을 드러내었다.

이에 宋義(송의, 원래는 초나라의 슈尹(영윤)이었는데, 이때에 항우의 부대에 있었음)가 항량에 諫言(간언)하기를, "싸움에서 이겼다고 장수가 교만해지고 병졸들이 懶怠(나태)해진다면 패하고 말것입니다."라고 하였으나 항량은 듣지않았다.

그러고는 송의를 제나라에 사신으로 보내버렸다. 송의가 途中(도중)에 제나라의 사신인 高陵君 顯(고릉군 현, 현은 이름, 성씨는 미상)을 만났다. 송의가, "武信君(무신군)의 군사는 반드시 패할 것이니 공께서 천천히 가신다면 죽음을 면할 수 있을 것이나 급히 가신다면 화를 당하게 될 것입니다."라고 말하였다. 그러더니 과연 진나라는 모든 군사를 총동원하여 章邯(장함)의 군대를 지원하여 초군을 공격하여 定陶(정도)에서 크게 무찌르고, 항량은 전사했다(진 이세 2년 9월).

패공과 항우는 外黃(외황)을 버리고 陳留(진류, 지금의 하남성 개봉시 동남쪽)를 공격했으나 진류의 수비가 견고하여 함락시킬 수 없었다. 패공과 항우가 서로 상의 하기를 항량의 군대가 대파되어 병사들이 두려워하고 있다고 하며, 呂臣(여신, 초의 장수)의 군대와 함께 군대를 이끌고 동쪽으로 진격하여 여신은 彭城(팽성) 동쪽에 항우는 팽성 서쪽에 패공은 碭(탕, 지금의 안휘성 탕산현 남쪽)에 각 진을 쳤다.

12. 진의 장수 장함이,
황하를 건너서 조나라를 공격하니,

　장함은 항량의 군사를 무찌른 후, 초나라의 군대는 걱정할 것이 없다고 여기고는 황하를 건너서 趙(조)나라를 공격하여 크게 무찔렀다. 이때 조나라는 趙歇(조헐, 진여와 장이가 조헐을 왕으로 세웠음)이 왕이었고 陳餘(진여)가 장수 張耳(장이)가 宰相(재상)으로 있었는데, 모두 鉅鹿(거록, 지금의 하북성 평향현 서북쪽)으로 도망쳐버렸다.

　장함은 장수 王離(왕리)와 涉閒(섭간)으로 하여금 거록을 포위하게 하고 자신은 그 남쪽에 진을 치고는 甬道(용도, 적군의 공격을 막기 위해서 길 양쪽으로 벽을 쌓아올린 길)을 만들어서 軍糧(군량)을 조달하였다.

　진여는 조나라의 장수로서 군사 수만 명을 거느리고 거록 북쪽에 陳(진)을 치고 있었는데, 이것이 이른바 河北軍(하북군)이었다(진의 장함이 이끄는 군대를 하남군으로 보기도 한다).

13. 초 회왕, 전열을 정비하여
조나라를 구원하도록 하다.

  초군이 定陶(정도)에서 크게 패한 후, 懷王(회왕)은 두려워서 우이를 떠나서 팽성으로 가서 항우와 呂臣(여신)의 군대를 합병하여 친히 통솔하였다. 그리고 여신을 司徒(사도. 여기서는 후방부대를 관장하는 군수관을 말함)로 삼고, 그의 부친 呂靑(여청)을 令尹으로 삼았으며, 沛公(패공)을 碭郡(탕군)의 郡長(군장)으로 삼고 武安侯(무안후)에 봉하여 탕군의 군대를 거느리게 하였다.

  그리고 齊(제)나라의 사신 고릉군 顯(현)이, 宋義(송의)가 병법을 안다고 추천하여 송의를 上將軍(상장군)으로 삼았다. 그리고 항우는 魯公(노공)에 봉해져서 次將(차장)이 되었고, 范增(범증)은 末將(말장)이 되어서 조나라를 구원하기로 하였다. 여러 別將(별장)들이 모두 송의의 휘하에 속하게 되니 卿子冠軍(경자관군. '경자'는 당시 남자에 대한 경칭이고 '관군'은 최고 통수권자인 송의를 비유한 것임)이라고 불렀다.

14. 상장군 송의가, 군사를 움직이지 않자
차장 항우가 건의를 하였으나,

　그런데 군대가 安陽(안양, 지금의 산동성 조현의 동남쪽. 지금의 하남성 안양
과는 별개임)에 이르러서 46일 동안을 머물며 진격하지 않으니, 항우
가 진나라 군이 趙王(조왕)을 鉅鹿(거록)에서 포위하고 있다고 하니,
군대를 이끌고 강을 건너서 우리 초나라 군이 그 바깥을 치고 조
나라 군은 안에서 呼應(호응)한다면, 진군을 반드시 무찌를 수 있을
것이라고 建議(건의)하였으나,

　송의가, "무릇 소 등에 붙은 등에는 손바닥으로 쳐서 죽일 수는
있지만, 털 속에 이를 죽일 수는 없는 법(搏牛之蝱不可以破蟣虱(박우지맹
불가이파기슬)"이라 하며, 지금 진나라가 조나라를 공격하는데, 전쟁
에서 승리를 한다 해도 병졸들이 疲勞(피로)해질 것이니 우리는 그
疲困(피곤)한 틈을 이용할 것이요. 그러므로 먼저 진나라와 조나라
가 싸우게 하는 것이 낫소. 갑옷을 입고 무기로 무장하고 실전을
하는 일에는 내가 그대보다는 못하지만, 策略(책략)을 부리는 일에
서는 그대가 나보다 못한다고 하며 拒絶(거절)하였다.

　그리하여 군중에 슈(영)을 내리기를 "사납기가 호랑이 같거나,
제멋대로 하기가 羊(양)같으며, 탐욕스럽기가 승냥이 같거나, 고집
이 세어 부릴 수 없는 자는 모두 목을 벨 것이다(猛如虎(맹여호), 很如
羊(흔여양), 貪如狼(탐여랑), 彊不可使者(강불가사자), 皆斬之(개참지)."라

고 하였다. 그리고는 그의 아들 宋襄⁽송양⁾을 제나라에 보내어 齊王
⁽제왕⁾을 돕게 하려고 하여, 無鹽⁽무염, 지금의 산동성 동평현 동남쪽⁾에까지
餞送⁽전송⁾하면서 성대한 酒宴⁽주연⁾을 베풀었다.

15. 항우, 下剋上^(하극상)을 일으켜
상장군 송의의 목을 베다.

이러자 항우가, "장차 죽을 힘을 다해서 진나라를 공격해야 하거늘 오랫동안 머물며 진격하지 아니하더니, 지금에는 흉년까지 들어서 백성들은 궁핍하고 병사들은 토란과 콩으로 연명하며, 군영에는 저장된 군량이 없는데도 성대한 연회를 벌여서 술이나 마시기나 할 뿐, 군사를 이끌고 강을 건너 조나라의 군량을 먹으며 조나라와 함께 힘을 합쳐서 진나라를 공격하지 아니하면서 그저 말하기를 "그들이 지친 틈을 이용하리라."라고만 말한다.

"대저 진나라의 강대함으로 지금 막 일어난 조나라를 공격하게 된다면, 그 형세는 조나라를 함락시킬 것이 당연한데, 조나라가 함락되고 진나라가 강해진 뒤에 무슨 지친 틈을 이용하겠다는 것인가? 또 우리 군사가 정도에서 막 대패한 터라 왕께서 좌불안석하시어, 온 나라의 병사들을 모아서 오로지 장군의 휘하에 속하게 하셨으니 국가의 안위는 오직 이 번 거사에 달려 있는데도, 지금 사졸들은 돌보지 아니하고 그 사사로운 정(송의가 자신의 아들을 보내어 제나라를 돕도록 한 일)만을 따르니, 사직을 보존하려는 신하가 아니로다."

이러면서 항우가, 더 이상 참지를 못하고, 이른 아침에 上將軍^(상장군) 송의의 幕舍^(막사)를 찾아가서 그 자리에서 송의의 머리를 베고 軍中(군중)에 영을 내렸다.

"송의는 제나라와 더불어 초나라를 배반할 모의를 꾸미고 있었으므로, 초왕께서 隱密(은밀)히 나에게 그를 誅殺(주살)하도록 하셨다."라고 하였다. 그러자 여러 장수들은 모두 두려워서 복종하고 감히 저항하지 못하였으며, 서로 의논하여 항우를 임시 상장군으로 세우고, 사람을 보내서 송의의 아들을 제나라까지 추격하게 하여 그를 죽였다. 그리고는 桓楚(환초)를 보내어 懷王(회왕)께 보고하게 하자, 회왕은 항우를 상장군으로 삼고, 當陽君(당양군, 경포의 봉호), 蒲將軍(포장군) 등을 모두 항우의 휘하에 소속시켰다.

항우가 경자관군 상장군 송의를 죽인 후, 그의 威嚴(위엄)이 온 초나라를 震動(진동)시키고 명성은 諸侯(제후)들에게까지 전해졌다. 이에 당양군과 포장군으로 하여금 병사 2만 명을 이끌고 漳河(장하, 산서성 동남부에서 발원함)를 건너서 鉅鹿(거록)을 구원하도록 하였으나 싸움에서 큰 성과를 거두지 못하고 일부 승리를 거두었는데, 이에 陳餘(진여)가 또 구원병을 요청하였다.

16. 항우, 漳河^(장하)를 건너 背水^(배수)의 陣^(진)을 치고 거록에서 대승을 거두다.

　항우가 군대를 이끌고 조나라를 구하려고 북상하여 제나라 평원진으로 가서 황하를 건넜다. 여기서 거록성은 300여 리 밖에 있었고 그 사이에는 원수와 장하 두 커다란 강이 있었다. 장하는 천연의 요새였다. 항우 군대가 그 강을 건너게 되었는데, 타고 온 배는 모두 가라앉히고^{(皆沈船(개침선))}, 솥과 시루 등의 취사도구는 모두 깨어 버리고^{(破釜甑(파부증))}, 막사는 불태우고^{(燒廬舍(소려사))}, 3일분의 軍糧^(군량)만을 휴대^{(持三日糧(지삼일량))}함으로써, 士卒들에게 필사적으로 싸울 것이며 秋毫^(추호)도 살아 돌아올 마음이 없다는 것을 나타내었다^{("破釜沈舟(파부침주)" 또는 "破釜沈船(파부침선)"이라는 故事成語(고사성어)가 여기서 유래함)}.

　이리하여 거록에 도착하여, 王離^(왕리)의 군사를 포위하고 진의 군사와 아홉 차례 접전하여 그들의 甬道^(용도)를 끊어서 크게 무찔렀으며, 진의 장수 蘇角^(소각)을 죽이고 왕리를 捕虜^(포로)로 잡았다. 섭간은 초나라에 투항하지 않고 焚身自殺^(분신자살)하였다. 거록 전투에 참가한 20만 진나라 군대 가운데 전쟁포로가 된 소수를 제외하곤 거의 살아서 돌아가지 못했다.

17. 항우의 거록전투 대승으로
제후군들 모두가 휘하에 들어오다.

이때 楚軍(초군)은 諸侯軍(제후군) 가운데 으뜸이었으니, 거록을 구하고자 달려온 제후군이 10여 陣營(진영)이었으나 감히 함부로 군대를 움직이지 못하고, 초군의 威勢(위세)에 눌려 제후군들은 모두 두려워하지 않은 이가 없었다.

진군을 무찌르고 난 후, 항우가 제후군의 장수들을 불러들이자 전차를 세워 만든 轅門(원문, 군문을 말함)을 통해 들어오는데 감히 고개를 들어 쳐다보지도 못한 채 무릎을 꿇고 기다시피 들어왔다.

이때부터 항우가 비로소 名實相符(명실상부)한 제후군의 上將軍이 되니 제후들이 모두 휘하에 소속되었다.

18. 진의 장수 장함이,
항우와 협약을 하고 항복하다.

진의 장수 장함은 棘原(극원, 지금의 하북성 평향현 남쪽)에 군대를 주둔시키고, 항우는 장하 남쪽에 군대를 주둔시켜 서로 대치한 채로 싸우지 않았다. 진군이 몇 차례 퇴각을 하자, 二世 皇帝(이세 황제)가 사람을 보내어 장함을 꾸짖었다. 당시 진나라 朝庭(조정)은 趙高(조고)의 專橫(전횡)으로 정치는 暗黑(암흑) 속에 빠져 있었다.

장함이 두려워서 장사 사마흔을 보내 알현을 청하게 했는데, 그가 함양에 이르러 3일을 머물렀는데도 조고는 만나주지 않으며 불신하는 마음을 품고 있었다. 장사 사마흔이 두려워서 자신의 부대로 돌아가면서도 감히 왔던 길로 가지 못했는데, 과연 조고가 사람을 보내어서 그를 추격하게 하였으나 미처 따라잡지는 못하였다. 사마흔이 부대로 돌아와서,

"조고가 궁중 안에서 정권을 마음대로 하고 있었고 그 아래에는 제대로 일을 할 만한 자가 없습니다. 만일 지금 전쟁에서 이기면 조고는 반드시 우리의 공로를 시기할 것이며, 전쟁에서 패해도 죽음을 면할 수 없게 될 것입니다. 원하건대 장군께서는 심사숙고하시기 바랍니다."라고 보고하였다.

진여도 장함에게 서신을 보내어 說得(설득)하기를,

"대저 장군께서 밖에서 머문 지가 오래되니 조정과의 틈이 많아

져서 공이 있다고 해도 죽임을 당할 것이요, 공이 없다고 해도 죽임을 당할 것입니다. 또 하늘이 진나라를 멸망시키고자 한다는 것은 어리석은 자나 지혜로운 자를 막론하고 다 아는 일입니다. 지금 장군께서는 안으로는 직간을 할 수 없고, 또 밖으로는 망국의 장수로서 홀로 외로이 서서 오래도록 버티려고 하시니 어찌 슬프지 않겠습니까? 장군께서는 어째서 병사들을 돌리어 제후들과 연합하고 함께 진나라를 공격할 것을 맹약하여 그 땅을 나누어 가진 뒤 왕이 되려고 하지 않으십니까? 이렇게 하시는 것과, 자신의 몸이 鈇質(부질, 도끼로 허리를 자르는 형벌)에 엎드리게 되고 처자는 살육당하는 것 중에서 어느 것이 낫겠습니까?"

장함이 躊躇(주저)하며 항우에게 軍侯 始成(군후 시성)을 보내어 協約(협약)하고 난 뒤, 장함은 항우를 만나서 눈물을 흘리며 趙高(조고)의 여러 惡行(악행)을 말하였다. 항우는 이에 장함을 雍王(옹왕)으로 세워서 초나라 군중에 있게 하고, 장사 司馬欣(사마흔)을 上將軍에 任命하여 진 군대의 선봉을 서게 하였다(B.C. 207년).

(이것은 장함으로부터 군권을 빼앗은 것이며, 이와는 대조적으로 과거 항량과 사소한 인연이 있는 사마흔에게 군권을 주어 선봉에 서게 한 것은, 이로써 전투력이 약화되고 장함과 그 부하들의 불만을 사게 되었다고 하겠다).

19. 항우, 항복한 진나라 兵卒 20여만 명을 新安城^(신안성)에서 生埋葬^(생매장)하다.

군대가 新安^(신안, 지금의 하남성 승지현 동쪽)에 이르렀을 때였다. 제후군의 장병들이 예전에 요역과 변방수비에 동원되어 진나라를 지날 때에 진의 장병들이 그들을 아주 무례하게 대했었다. 그런데 지금 진군이 제후군에게 항복하자, 제후군의 장병들이 승세를 이용하여, 降服^(항복)한 진나라의 장병들을 노예처럼 부리며 걸핏하면 虐待^(학대)하고 侮辱^(모욕)하는 일이 많았다. 그러자 진나라의 장병들이 저희들끼리 수군거리기를,

"장함 장군 등이 우리들을 속여 제후들에게 항복하도록 했는데, 지금 만일 關中^(관중)으로 들어가서 진나라를 무찌른다면 아주 좋은 일이나, 만일 그러지 못한다면 제후군들은 우리를 포로로 하여 동쪽으로 퇴각할 것이니, 진나라는 우리의 부모와 처자를 모두 다 죽일 것이 분명한 일이다."라고 하였다.

제후군의 장수가 몰래 그 말을 듣고서 항우에게 보고하였다. 이에 항우는 경포와 포장군을 불러서 計策^(계책)을 말하기를 "진나라의 장병들이 그 수가 많은 데다 마음으로 항복한 것이 아니니, 關中^(관중)에 이르러서 우리에게 복종하지 않는다면 틀림없이 일이 危殆^(위태)롭게 될 것이므로 그들을 모두 죽이고 장함, 장사 사마흔, 都尉^(도위, 장군 아래의 관직), 董翳^(동예, 항우에게 투항할 것을 장함에게 권했음)

만을 데리고 진나라에 들어가는 것이 나으리라."라고 하였다.

이리하여 초군이 야밤에 秦軍(진군)을 襲擊(습격)하여 진나라 병졸 20여만 명을 信安城(신안성) 남쪽에 生埋葬(생매장)하여 죽였다.

항우가 위와 같이 진나라 子弟(자제)들을 속여 생매장을 하고 앞서 襄城(양성)을 함락시키고 나서도 모두를 산 채로 땅에 묻어버렸으니, 항우의 사납고 殘忍(잔인)한 性格(성격)을 그대로 보여주었으니, 이 사건은 진나라 백성의 마음에 원한의 씨앗을 심었고 진나라 백성의 민심은 항우에게 완전히 적대적인 것으로 변하였다.

이러는 사이에 沛公 劉邦(패공 유방)은 가장 먼저 咸陽城(함양성)에 입성하여 패상에 이르니, 趙高(조고)를 죽인 秦王 子嬰(진왕 자영)이 나와 항복을 하였다(B.C 206년, 항우 27세, 유방 51세).

項羽(항우), 스스로
西楚霸王(서초패왕)이 되다.

20. 항우, 函谷關(함곡관)을 돌파하다.

항우가 鉅鹿(거록)에서 대승을 거둔 후, 이제 秦(진)나라의 땅을 공략하며 계속 진군하여 마침내 函谷關(함곡관)(진의 중요 관문으로 하남성 영보현 북쪽에 위치함)에 도착하였다(B.C. 206년. 항우 27세).

그러나 함곡관에는 把守兵(파수병)들이 지키고 있어서 들어갈 수 없는 데다, 패공 유방이 이미 咸陽(함양, 진나라 수도 지금의 섬서성 함양시)을 함락시켰다는 소식을 듣자 크게 怒하여 當陽君 黥布(당양군 경포) 등을 보내 함곡관을 공격하도록 하였다.

항우가 마침내 함곡관에 들어가서 戲水(희수. 여산에서 발원하여 지금의 섬서성 임동현 동쪽으로 흘러 위수로 흐름) 서쪽에 이르렀다.

당시 패공 유방은 覇上(패상, 지금의 섬서성 서안시 동남쪽)에 주둔하고 있어서, 항우와 아직 서로 만나지 못하고 있었는데, 패공의 左司馬 曹無傷(좌사마 조무상)이 사람을 시켜서 항우에게 고해 바치기를, "沛公(패공)이 關中(관중)의 왕이 되어 진왕 子嬰(자영)을 재상으로 삼아 진귀한 보물을 모두 다 차지하려고 한다."라고 하였다.

이에 항우가 크게 노하여 말하기를 "내일 아침 병사들을 잘 먹이고 패공의 군대를 격파하리라."고 하였다. 이때 항우의 병사들은 40만 명으로 新豊(신풍, 지금의 섬서성 임동현 동북쪽)의 鴻門(홍문, 산 언덕의 이름. 신풍현 동쪽에 있음)에 있었고, 패공의 병사는 10만 명으로 패상에 있었다.

21. 범증이, 유방의 運氣(운기)가 범상치 않다고
그를 죽이라고 하니,

　范增(범증. 항우의 책사)이 항우에게 권하기를 "패공이 山東(산동. 함 곡관 이동 지역을 말함)에 있을 때는 재화를 탐하고 미색을 좋아하였는 데, 지금 關內(관내)에 들어가서는 재물을 취하지 아니하고 여자를 가까이 하지 않으니, 이는 그의 뜻이 작은 데에 있지 않다는 것을 말합니다. 제가 사람을 시켜 그 運氣(운기), 방사들이 기를 보는 비 술)를 살펴보게 하였더니, 모두 용과 범의 氣勢(기세)로서 五色(오색) 이 燦然(찬연)하니 이는 天子(천자)의 기운입니다. 급히 공격하시어 기회를 잃지 마십시오."라고 하였다.

22. 항백이, 장량을 살리려고 만나러 갔다가, 패공 유방을 만나다.

초나라의 左尹(좌윤, 영윤의 다음 자리) 項伯(항백)은 항우의 季父(계부, 아버지의 막내 아우)였는데, 전에 항백이 하상현에서 사람을 죽인 뒤 하비로 달아나 장량의 엄호와 도움 덕분에 목숨을 구하고 법망에서 벗어날 수 있었다. 이러한 인연으로 둘은 생사를 함께하는 사이였다.

留侯 張良(유후 장량)은 자가 子房(자방)이고 유방의 주요 모신이다. 이에 항백이 야밤에 말을 달려 패공의 군영으로 달려갔다. 그가 은밀히 장량을 만나서 모든 일을 상세히 알리자, 장량이 패공에게 전부 보고하였다.

그러자 패공이 항백을 불러달라고 하니, 이에 장량이 나가서 항백을 불러들이니, 항백이 즉시 들어와서 패공을 만났다. 패공이 술잔을 들어 祝壽(축수)하고, 婚姻(혼인) 관계를 약조하며 이렇게 말하였다. "나는 함곡관에 들어온 뒤, 추호도 물건에 손대려 하지 않았고, 관리와 백성들의 호적을 정리하고 府庫(부고, 궁정의 문서와 재화를 넣어 두는 창고)를 잘 관리하며, 項 將軍(항 장군)을 기다리고 있었습니다. 장수를 보내어 함곡관을 지키게 한 것은, 다른 도적의 출입과 의외의 사태에 대비하기 위해서였습니다. 밤낮으로 장군이 오시기만을 기다리고 있었는데, 어찌 감히 반역을 하겠습니까? 원

컨대 당신께서 신이 감히 背恩忘德(배은망덕)하지 않다는 것을 상세히 말씀해 주십시오."라고 하니,

항백이 허락하며 패공에게 말하기를 "내일 아침 일찌감치 오셔서 항왕에게 사죄하지 않으면 안 될 것입니다."라고 하니, 패공은 "좋습니다."라고 하였다. 이리하여 항백은 그날 밤으로 되돌아가 군영에 이르러 패공의 말을 낱낱이 항왕에게 보고하고, 이어서 말하기를 "沛公(패공)이 먼저 關中(관중)을 쳐부수지 않았다면 公(공)이 어찌 들어올 수 있었겠는가? 지금 그가 큰 공이 있음에도 그를 공격하려고 한다면 이는 의롭지 못한 일이니, 잘 대해 주는 것이 좋을 듯하오."라고 하니, 항우는 젊은이로, 타고난 무적의 장군이자 용맹한 전사였지만 감정에 좌우되는 인물이었다. 유방을 옹호하는 항백의 말에 항우는 흔들렸다. 그는 유방이 찾아와 사정을 설명하겠다는 데 동의하고 공격 명령을 철회했다.

23. 一觸卽發(일촉즉발)의 鴻門(홍문)의 宴(연)이 열리다.

패공 유방이 이튿날 백여 騎(기)만을 대동하고 항왕(항우)을 만나러 왔는데, 홍문(서안시 임동현 동쪽 5킬로미터 홍문보촌)에 이르러 謝罪(사죄)하며 이렇게 말하였다. "臣(신)은 장군과 더불어 죽을 힘을 다해서 진나라를 공격했으니, 장군께서는 河北(하북)에서 싸움을 벌리시고 신은 河南(하남)에서 싸움을 벌렸던 것입니다. 그러나 본의 아니게 먼저 關中(관중)에 진입하여 진나라를 무찌르고 이곳에서 다시 장군을 뵈올 수 있게 되었는데, 지금 小人輩(소인배)의 讒言(참언)이 장군과 신으로 하여금 틈이 생기게 하였습니다."라고 하니(여기서 소인배는 解生(해생)이라는 사람인데, 鰍生(추생)이라고 한 것은 소인배라고 경멸하는 호칭이다),

이에 항왕이 말하기를 "이는 패공의 左司馬 曹無傷(좌사마 조무상)이 말한 것이오, 그렇지 않았다면 내가 어떻게 그런 생각을 하였겠소?"라고 하였다.

項王(항왕)이 그날 패공과 함께 술을 마시기 위해서 패공을 머무르게 하니, 항왕과 항백은 동쪽을 향해서 앉고, 亞父(아보, 부친에 버금가는 사람에 대한 존칭) 范增(범증)은 남쪽을 향해서 앉았다. 한편 패공은 북쪽을 향해서 앉고 張良(장량)은 서쪽을 향해 배석하였다(대체로 서쪽과 북쪽에 귀한 사람이 앉는다. 이 자리 배치를 항우에 대한 유방의 항복 의식 비슷한 시각으로 해석하는 사람도 있음)

24. 범증이 항우에게,
여러 차례 패공을 죽이라고 신호를 보냈으나,

범증이 항왕에게 여러 차례 눈짓을 하며 차고 있던 玉玦(옥결, 옥으로 만들어 허리에 차는 고리)의 고리에 손가락을 넣어 들어 보이며, 유방을 죽이라고 暗示(암시)한 것이 세 차례였으나, 항왕은 묵묵히 아무런 반응을 보이지 않았다.

이에 범증이 일어나서 밖으로 나와 項莊(항장, 항우의 사촌 동생)을 불러서 이렇게 말하였다. "군왕이 모질지 못한 사람이다. 그대가 들어가서 앞에서 축수를 올리고, 축수를 마친 뒤 검무를 출 것을 청하라. 그러다가 기회를 보아서 패공을 그 자리에서 쳐 죽여라. 그렇지 않으면 그대들은 장차 모두 패공의 捕虜(포로)가 될 것이다."

그러자 항장이 바로 들어가서 축수를 올리고. 항장이 검을 뽑아서 춤을 추는데, 이에 놀란 項伯(항백) 역시 검을 뽑아 들고 일어나서 춤을 추며 항상 몸으로 패공을 감싸주니, 항장이 沛公(패공 유방)을 공격할 수가 없었다.

25. 장량이, 이에 대처하여 번쾌를 불러들이니,

이러자 張良(장량)이 軍門(군문)을 나가서 樊噲(번쾌, 한왕 유방의 부인 呂后의 매부, 「번쾌열전」에 자세함)를 만나서, "아주 급하오, 지금 항장이 검을 뽑아 들고 춤을 추는데 아무래도 그 의도가 패공에게 있는 것 같소(項莊劍舞意在沛公(항장검무의재패공)"라고 위급한 狀況(상황)을 알리자, 번쾌가 "신이 들어가 패공과 함께 생사를 같이 하기를 청합니다."라고 하고, 즉시 검을 차고 防牌(방패)를 들고는 연회장인 군문에 들어가려고 하니, 把守(파수)를 서는 衛士(위사)가 가로 막으며 들여보내려고 하지 않자, 번쾌가 防牌(방패)를 비껴서 치니 위사들이 땅에 엎어졌다.

마침내 번쾌가 군문을 들어가서 帳幕(장막)을 들치고, 서쪽을 향해 눈을 부릅뜨고 항왕(항우)을 노려보았는데, 머리카락은 위로 곤두서고 눈꼬리는 찢어질대로 찢어져 있었다(頭髮上指目眦盡裂(두발상지목자진렬). 항왕이 검을 만지며 무릎을 세워서 앉아, 만일의 사태에 대비하면서 말하기를 "그대는 무엇하는 자인가?"라고 물으니,

장량이 "패공의 參乘(참승) 번쾌라는 자입니다."라고 하였다. 항왕이 "장사로다. 그에게 술 한잔을 내리라."라고 하니, 즉시 큰 잔에 술이 주어졌는데, 번쾌는 감사의 절을 하고 일어나 선 채로 마셔버렸다. 그러자 항왕이 "그에게 돼지다리를 주어라."라고 말하

니, 즉시 익히지 않은 돼지 다리 하나를 주었다. 번쾌가 방패를 땅에 엎어 놓고, 그 위에 돼지 다리를 올려놓고는 검을 뽑아서 잘라 먹었다.

항왕이 다시 말하기를 "장사로다. 더 마실 수 있겠는가?"라고 물으니, 이에 번쾌가 말하였다. "죽음도 피하지 않은 신이 술 한 잔을 어찌 사양하겠습니까?"

懷王(회왕)께서 여러 장수들에게 약조하시기를 '먼저 진나라를 무찌르고 함양에 들어가는 자를 왕으로 세우라'고 하셨는데, 지금 패공께서는 먼저 진나라를 무찌르고 함양에 진입하셨으되 秋毫(추호)라도 물건을 취한 바가 없으며, 궁실을 굳게 잠그고는 다시 패상으로 돌아와서 군대를 주둔시켜 대왕께서 오시기를 기다리고 계셨습니다. 일부러 장수를 보내어 關門(관문)을 지키게 한 것은 다른 도적들의 출입과 위급한 경우에 대처하기 위한 것이었습니다. 이렇듯 힘들게 높은 공을 세웠는데도 제후로 봉하는 상을 내리시지는 못할망정, 소인배의 쓸데없는 말을 들으시고 공이 있는 사람을 죽이려고 하다니, 이는 멸망한 秦(진)나라를 잇는 꼴이 될 뿐이므로, 대왕께서 취할 행동은 아니라고 생각합니다."

항왕이 이에 대해서 아무런 응답을 하지 않고 있다가, 말하기를 "앉으라."고 하니, 번쾌는 장량을 따라서 앉았다.

26. 패공이 위기를 모면하고, 자리를 피하여 샛길을 이용하여 군영에 돌아가다.

번쾌가 앉은 지 얼마 되지 않아 패공이 일어나서 廁間(측간)에 가면서 그를 밖으로 불러내었다. 패공이 나간 뒤 항왕이 都尉 陳平(도위 진평, 항우의 부하였으나 나중에 유방의 모사가 됨. 「진승상세가」에 자세함)에게 패공을 불러오게 하였다. 패공이 "下直(하직) 인사도 하지 않고 나왔으니 어떻게 하는 것이 좋겠소?"라고 하니,

번쾌가 "큰일에서는 자잘한 것은 따지지 않고, 큰 예의에서는 작은 나무람 정도는 겁내지 않은 것입니다(大行不顧細謹 大禮不辭小讓(대행불고세근 대례불사소양). 지금 저들이 바야흐로 칼과 도마가 되고, 우리는 그 위에 놓인 물고기의 신세가 된 지경에 무슨 작별 인사를 하십니까?"라고 하였다.

그래서 마침내 그곳을 떠나며, 장량으로 하여금 남아서 사죄하도록 하였다. 그리고 패공이 장량에게 "白璧(백벽, 고리 모양의 구슬) 한 쌍을 항왕에게 바치고, 玉斗(옥두, 옥으로 만든 술잔) 한 쌍은 亞父(아보) 범증에게 나를 대신해서 바쳐주시오."라고 하였다. 그 당시 항왕의 군대는 홍문 아래에 있었고 패공의 군대는 패상에 있었으니, 서로 떨어진 거리가 40리였다.

패공은 자신의 수레와 말을 버려둔 채 몸만 빠져나와서 홀로 말에 오르고, 검과 방패를 들고 도보로 수행하는 樊噲(번쾌), 夏候

嬰(하후영), 靳彊(근강), 紀信(기신) 등 네 사람과 함께 驪山(여산)을 내려와서 芷陽(지양, 지금의 섬서성 서안시 동북쪽에 옛터가 있음)의 샛길을 이용하였다. 패공이 떠난 뒤 샛길을 통해서 군영에 이르렀을 때가 되자,

27. 장량이 항우에게 백벽을,
범증에게 옥두를 각 바치니,

장량이 들어가서 사죄하며, 白璧(백벽) 한 쌍을 받들어 항왕에게 바치고, 玉斗(옥두) 한 쌍을 대장군 足下(범증)에게 바치며 "패공께서 술을 이기지 못하여 하직인사를 드릴 수가 없었습니다. 대왕께서 심히 질책하려는 마음이 있으시다는 것을 듣고 빠져나가서 홀로 떠났는데, 이미 군영에 당도했을 것입니다."라고 하였다.

그러자 항왕은 구슬을 받아서 자리 위에 두었는데, 아보 범증은 옥두를 받아서 땅에 놓고는 검을 뽑아 그것을 깨뜨리며 말하기를 "어린아이와는 더불어 대사를 도모할 수가 없도다(竪子不足與謀(수자부족여모, 항우를 조롱한 것임). 항왕의 천하를 빼앗을 자는 반드시 패공일 것이다. 우리들은 이제 그의 포로가 될 것이다."라고 탄식하였다.

패공은 군영에 당도하자마자 즉시 조무상을 베어 죽였다.

28. 어떤 사람이 항우에게
關中^(관중)을 都邑^(도읍)으로 정하라고 하니,
항우가 거절하며 고향으로 돌아가
도읍을 한다고 하니^{(沐猴而冠(목후이관) 고사성어의 유래)},

홍문연이 있은 며칠 후, 항우는 군대를 이끌고 서쪽으로 진격하여 咸陽^(함양)을 屠戮^(도륙)하고, 투항한 진나라 왕 子嬰^(자영)을 죽이고 진나라의 궁궐을 불태웠는데, 3개월을 타고도 꺼지지 않았다. 그리고는 그 재화와 보물 및 여자들을 차지하고 동쪽으로 돌아오니, 어떤 사람이 항왕에게 권하기를 "關中^(관중, 이 시기에 함곡관 서쪽을 관중으로 칭했음)은 사방이 산하로 막혀 있고, 땅이 肥沃^(비옥)하니 도읍으로 삼아 覇王^(패왕)이 될 만한 곳입니다."라고 하였다.

그러나 항왕은 진의 궁실이 이미 모두 불에 다 타버렸고, 또 마음속으로 고향이 그리워서 동쪽으로 돌아가려고 하며 말하기를 "부귀한 뒤에 고향에 돌아가지 아니하는 것은 비단 옷을 입고 밤길을 가는 것과 같으니 누가 그것을 알아주리오!^{(富貴不歸故鄕(부귀불귀고향), 如衣繡夜行(여의수야행) 誰知之者(수지지자)}!"라고 하였다.

그러자 항왕에게 권고했던 사람^{(蔡生(채생)이라고 하기도 하고 韓生(한생)이라고 하기도 함)}이 말하기를 "사람들이 말하기를 초 땅의 사람은 沐猴^(목후, 원숭이)가 冠^(관)을 쓴 격으로 아무리 애를 써도 사람 노릇을 하지 못한다더니 과연 그렇구나^{(沐猴而冠(목후이관, 경멸조의 표현)}"라고 하였다. 이에 항왕 항우가 그 말을 듣고는 그 사람을 烹殺^(팽살, 솥에 넣고 삶아 죽이는 형벌)하였다.

29. 항왕 항우, 초 회왕을 명목상의 황제인
義帝(의제)로 높이더니,

항왕이 사신을 보내어 懷王(회왕)에게 보고하고 지시를 청하니, 회왕이 "약속한 대로 하라."라고 하였다(유방을 관중의 왕으로 봉하라는 것). 그러자 항우가 그를 義帝(의제, 명목상의 황제라는 뜻)로 높이고, 항왕 자신은 스스로 왕이 되고자 하여, 먼저 여러 장상들을 왕으로 삼으며 말하기를,

"당초 천하에 난이 일어났을 때 임시로 제후의 후손들을 세워 진나라를 토벌하였소. 그리하여 갑옷을 입고 무기를 잡고서 먼저 일어나 들에서 비바람을 맞길 3년, 진을 멸망시키고 천하를 평정한 것은 모두 장상 여러분과 이 항적의 힘이었소, 의제는 공이 없지만 그래도 땅을 나누어 왕이 되게 하는 것이 마땅할 것이오."

장수들이 모두 "옳습니다."라고 하였다. 이에 천하를 나누어 여러 장수들을 諸侯王(제후왕)으로 세웠다.

30. 항왕 항우, 당초 약속을 어기고 패공 유방을 오지인 파, 촉, 한중 땅의 漢王(한왕)으로 내쫓다.

이어서 항왕과 범증은 은밀히 모의하여 "巴(파. 지금의 중경시), 蜀(촉. 지금의 사천성 성도시)은 길이 험하고 진나라의 유배자들이 모두 촉 땅에 살고 있다."라고 하고, 이어 "파와 촉도 역시 관중의 땅이다."라고 하고는, 패공을 漢王(한왕)으로 세워서 巴, 蜀, 漢中(한중. 지금의 섬서성 한중시)의 왕으로 봉하고, 南鄭(남정. 지금의 섬서성 한중시에 옛 성터가 있음)에 도읍하도록 했다.

31. 항왕 항우, 關中(관중)을 삼분하여 三秦(삼진)이라 하고, 초의 의제를 포함하여 19명의 왕에 대한 分封(분봉)을 하고, 스스로는 西楚霸王(서초패왕)이 되다(項王自立爲西楚霸王(항왕자립위서초패왕)).

항왕 항우는, 관중을 삼분하여 삼진이라 하고, 초왕 의제를 포함하여 19명의 왕에 대한 分封을 시행하고 나서, 스스로 왕위에 올라서 西楚霸王(서초패왕. 초나라에는 남초, 북초, 동초. 서초의 구분이 있었는데, 항우가 도읍으로 세운 팽성이 서초에 위치했으므로 스스로를 '서초패왕'이라고 한 것이다. 霸王(패왕)은 '諸侯 盟主(제후 맹주)'라는 뜻)이라고 하고, 九郡(구군, 전국시대 梁과 楚의 일부 지역으로, 지금의 하남성 동부와 산동성 서남부, 그리고 그와 인접한 안휘, 강소 두 성의 대부분을 포함하는 것으로 본다)을 封地(봉지)로 하여 彭城(팽성, 지금의 강소성 서주시)에 도읍을 정했다.

32. 이하 19개 봉국의 분봉 내용은 다음과 같다.

1. 초왕 羋心(미심)은 義帝(의제)로, 郴縣(침현, 지금의 호남성 침주)을 봉
   국의 수도로,

2. 초의 부장 패공 劉邦(유방)은, 漢王(한왕)으로 南鄭(남정, 지금의 섬
   서성 한중)을 수도로,

3. 위왕 魏豹(위표)는 西魏王(서위왕)으로, 平陽(평양, 지금의 산서성 임
   분)을 수도로,

4. 韓王(한왕) 韓成(한성)은 한왕으로, 陽翟(양책, 여기서는 책으로 읽음.
   지금의 하남성 우주)을 수도로,

5. 진의 총사령관으로 항우에게 항복한 章邯(장함)은 雍王(옹왕)으
   로, 廢丘(폐구, 지금의 섬서성 흥평)를 수도로,

6. 장함의 長史(장사, 비서임)로 장함과 함께 항우에게 항복한 司
   馬欣(사마흔)은 塞王(새왕)으로, 櫟陽(역양, 지금의 섬서성 임동)을 수
   도로,

7. 장함의 부장으로 장함과 함께 항우에게 항복한 東翳(동예)는
   翟王(적왕)으로, 高奴(고노, 지금의 섬서성 연안)를 수도로,

8. 趙王(조왕) 趙歇(조헐)은 代王(대왕)으로, 代縣(대현, 지금의 하북성 율
   현)을 수도로,

9. 조헐의 재상 張耳(장이)는 常山王(상산왕)으로, 襄國(양국, 지금의

하북성 형대)을 수도로,

10. 장이의 부장 申陽(신양)은 河南王(하남왕)으로, 洛陽(낙양, 지금의
    하남성 낙양)을 수도로,

11. 조헐의 부장 司馬印(사마앙)은 殷王(은왕)으로, 朝歌(조가, 지금의
    하남성 기현)을 수도로,

12. 항우의 부장 英布(영포)는 九江王(구강왕)으로, 六縣(육현, 지금의
    안휘성 육안)을 수도로,

13. 百越(백월, 지금의 강남의 각 성에 거주하는 많은 소수민족을 백월이라 칭함)
    의 토착민 추장인 吳芮(오예)는 衡山王(형산왕)으로, 邾縣(주현,
    지금의 호북성 황주)을 수도로,

14. 의제의 대신 共敖(공오)는 臨江王(임강왕)으로, 江陵(강릉, 지금의
    호북성 강릉)을 수도로,

15. 燕王(연왕) 韓廣(한광)은 遼東王(요동왕)으로, 無終(무종, 지금의 천
    진 계현)을 수도로,

16. 한광의 부장 臧荼(장도)는 燕王(연왕)으로, 薊縣(계현, 지금의 북
    경)을 수도로,

17. 齊王(제왕) 田市(전불)은 膠東王(교동왕)으로, 卽墨(즉묵, 지금의 산
    동성 평도)을 수도로,

18. 田市(전불)의 부장 田都(전도)는 齊王(제왕)으로, 臨淄(임치, 지금의
    산동성 치박 동쪽)를 수도로,

19. 항우의 부장 田安(전안)은 齊北王(제북왕)으로, 博陽(박양, 지금의
    산동성 태안)을 수도로 각 분봉하였다.

33. 제의 전영과 조의 진여, 항우가 철저히 자기의 호불호에 따라 불공평한 분봉을 하였다고 반란을 일으키고, 한왕 유방이 군대를 돌려 돌아오니,

齊(제)의 田榮(전영)과 趙(조)의 陳餘(진여)가, 항우가 천하의 주재자가 되어 원래의 왕들은 모두 나쁜 땅의 왕으로 삼은 반면, 자신의 신하들과 장수들은 좋은 땅의 왕으로 삼았으니 이는 불공평한 일이라고 반란을 일으켰다.

제의 전영은, 항우가 제왕 田市(전불)을 膠東王(교동왕)으로 옮기게 하고, 제나라 장수 田都(전도)를 제왕으로 세웠다는 소식을 듣고는 크게 노하였다. 그리하여 그는 제왕을 교동으로 보내지 않고 제나라 영토를 근거지로 하여 반란을 일으키고 전도를 맞아 싸웠다. 전도는 초나라로 도주했고, 제왕 전불은 항왕이 두려워서 교동으로 도망쳐서 왕위에 올랐다. 그러자 전영이 노하여 그를 추격하여 卽墨(즉묵. 지금의 산동성 평도현 동남쪽)에서 죽였다.

그런 뒤 전영은 스스로 제왕에 즉위하여 서쪽으로 齊北王(제북왕) 田安(전안)을 공격하여 그를 죽이고 三齊(삼제. 제, 교동. 제북을 말함)를 모두 자신의 영토로 삼았다.

그리고 전영은 彭越(팽월)(「팽월열전」에 자세함)에게 장수의 인을 주고 梁(양. 하남성 동부 일대) 땅에서 반란을 일으키도록 하였다.

趙(조)의 陳餘(진여)는 몰래 張同(장동), 夏說(하열)을 보내서 제왕 전영에게 군사를 지원해 달라고 하자, 전영이 이를 허락하고 군사를 조나라로 파견했다. 진여는 三縣(삼현)의 군사를 모두 징발하여 제나라와 더불어 힘을 합쳐서 常山(상산)을 공격하여 크게 무찌르니 常山王 張耳(상산왕 장이)는 도망쳐서 유방의 漢(한)나라에 귀의했다.

진여가 원래의 趙王 歇(조왕 헐)을 代(대) 땅에서 맞이하여 조나라로 돌아가게 하니, 이에 조왕은 진여를 代王(대왕)으로 삼았다.

이 무렵(한 원년 BC 206년. 8월), 항왕 항우는, 한왕 유방이 군대를 돌려 三秦(삼진)을 평정하여 이미 관중을 병합하고 동쪽으로 이동하고 있으며, 제와 조가 자신을 배반하였다는 소식에 크게 노하였다.

이에 옛 吳縣(오현)의 현령 鄭昌(정창)을 韓王(한왕)으로 삼아서 漢軍(한군)에 대처하도록 하고, 蕭公(소공) 角(각) 등으로 하여금 彭越(팽월)을 공격하게 하였다. 그러나 팽월이 소공 각 등을 패퇴시켰다.

그리고 한왕은 張良(장량)으로 하여금 韓(한) 나라를 관리하도록 하고, 항왕에게 편지를 보내, "한왕이 당연히 받아야 할 자리를 받지 못해서 관중을 얻고자 하니 약조한 대로 해준다면 그 즉시 동쪽으로 나아가지 않을 것이오."라고 하고, 또 제와 조의 반란을 알리는 편지를 보내어, "제와 조가 초를 멸망시키려고 합니다."라고 하였다.

항우는 이 때문에 서쪽으로 漢(한)나라를 공격하려던 뜻을 버리고, 북쪽으로 제나라를 공격하였다. 그리고 九江王(구강왕) 鯨布(경포)로 하여금 군사를 동원하여 한을 공격하도록 하였으나 경포가 병을 핑계로 나아가지 않고, 다른 장수로 하여금 수천 명의 군사를 거느리고 한에 대처하도록 하였다.

이 일로 인해서 항우가 경포를 원망하게 되었다. 이리하여 마침내 楚漢之爭(초한지쟁)의 序幕(서막)이 오르게 되었다.

34. 항우, 義帝(의제)를 죽이다

이에 앞서, 한 원년(B.C 206년) 4월, 제후들이 戲水(희수) 아래에서 군대를 해산하고 각자의 봉국으로 갔다. 항왕도 함곡관을 나와서 자신의 봉국으로 갔다.

그리고 使者(사자)를 보내서 義帝(의제)를 遷都(천도)하게 하며 말하기를 "옛 제왕은 영토가 사방 천리에 지나지 않았고, 반드시 강의 상류에 거하셨습니다."라고 하고는, 이에 사자로 하여금 의제를 長沙(장사, 지금의 호남성 자강 동쪽)의 郴縣(침현, 지금의 호남성 침현)으로 옮기도록 하고, 의제의 행차를 재촉하니 의제의 여러 신하들이 점차 의제를 배반하였다. 그리고 몰래 衡山王 吳芮(형산왕 오예), 臨江王 共敖(임강왕 공오)로 하여금 長江(장강) 가운데서 그를 죽이도록 하였다.

항우가 자신의 호불호에 따라 諸侯王(제후왕)을 봉하는 등 불합리하고 상식에 어긋난 論功行賞(논공행상)을 하자, 이에 제후들이 반발을 했고, 이것이 결국 항우에 반대하는 저항을 불러왔으며 또 義帝(의제)를 저버리자 명분과 人心(인심)을 잃게 되고 천하가 그를 非難(비난)하였다.

— 楚漢爭霸(초한쟁패) —
서초패왕 항우와
한왕 유방과의
치열한 전쟁

35. 한왕 유방, 漢中^(한중) 땅에서 回軍^(회군)하다.

한나라 원년^(B.C. 206년) 8월, 漢王^(한왕, 서초패왕 항우에 의해 한왕으로 봉해진 호칭) 유방이, 漢中^(한중, 섬서성 진령 이남, 지금의 한중시, 당시 치소는 남정) 땅에 들어간지 불과 3개월만에,

韓信^(한신)의 전략을 받아들여 故道^(고도)를 따라, 즉 鳳縣^(봉현)에서 출발해 陣倉^{(진창, 지금의 섬서성 寶鷄市(보계시 동남방)}으로 향하는 비좁고 험준한 산길을 따라 기습적으로 병력을 회군하여 三秦^{(삼진, 항우가 서초패왕이 되어 진 나라의 관중 땅의 서부를 雍國(옹국), 동부를 塞國(새국), 북부를 翟國(적국)으로 하는 세 나라로 봉하여 삼진이라고 하였음)}을 평정하였다.

36. 한왕 유방이, 항왕 항우에게 편지를 보내다.

서초패왕 항우는 한왕 유방이 이미 關中(관중)을 모두 兼倂(겸병)
하고 동쪽으로 진격하고 있으며, 제나라와 조나라가 그를 배반하
였다는 소식을 듣고 크게 노하였다.

한왕이 항왕에게 편지를 보내어, "나는 나의 직위를 잃었으니
원래의 약조대로 관중을 넘겨주면, 그 즉시 동쪽으로 나아가지 않
을 것이오."라고 하였다. 또 제나라와 조나라의 반란을 알리는 서
신을 항왕에게 보내어 "제나라가 조나라와 더불어 초나라를 멸망
시키고자 합니다."라고 하였다.

이 때문에 항우는 서쪽 漢(한)나라를 치려던 생각을 버리고 북쪽
제나라를 공격하게 되었다.

37. 항왕 항우,
제나라를 공격하고 군졸들을 생매장하니,

항왕이 九江王 鯨布(구강왕 경포)에게 군사를 동원하도록 하였으나, 경포는 병을 핑계로 나아가지 않고는 다른 장수로 하여금 수천 명의 군사를 거느리고 가게 하였다. 항왕이 이 일로 경포를 원망하였다.

한나라 2년(B.C. 205년) 겨울, 항우가 마침내 북으로 城陽(성양, 지금의 산동성 견성현 동남)에 이르자, 제나라 田榮(전영) 역시 군대를 거느리고 會戰(회전)하였다. 전영이 이기지 못하고 平原(평원, 지금의 산동성 평원현)으로 달아나자 평원의 백성들이 그를 죽여버렸다.

항우가 마침내 북진하여 제나라 城郭(성곽)과 집들을 불살라 없애버리고 항복한 전영의 군졸들을 生埋葬(생매장)했으며, 老弱者(노약자)와 婦女(부녀)들을 묶어서 포로로 삼고는 제나라의 北海(북해, 고대에 북방의 편벽한 지역의 통칭임)까지 토벌하니 많은 사람이 죽고 많은 곳이 파괴되었다.

이에 제나라 사람들이 서로 모여서 반란을 일으키려고 하자, 전영의 동생 田橫(전횡)이 제나라의 살아남은 병졸 수만 명을 거두어서 성양에서 반란을 일으켰다. 이에 항왕이 여러 차례 싸움을 벌였으나 함락시킬 수가 없었다.

38. 유방의 한군, 彭城(팽성)에서 大敗(대패)하다.

한나라 2년 봄(이때에는 아직 秦曆(진력)을 사용하고 있어서 10월을 歲首(세수)로 삼았음)에, 한왕이 다섯 제후들(장이, 신양, 정창, 위표, 사마 앙을 가리킨다고 하고, 또는 천하의 병사들을 가리킨다고도 함) 5~6만 병사들을 통솔하여 동쪽으로 초나라를 치고자 하였다. 항우가 이 소식을 듣고 精銳軍(정예군) 3만 명을 이끌고 남쪽으로 진격하여 魯縣(노현, 지금의 산동성 曲阜縣(곡부현))을 지나서 胡陵(호릉, 지금의 산동성 어태 동남)을 나왔다.

4월, 한왕 유방이 이미 彭城(팽성, 지금의 강소성 서주시)에 들어가서 그 재화와 보물 그리고 미녀들을 차지하고 날마다 酒宴(주연)을 베풀었다. 이에 항왕 항우는 서쪽 蕭縣(소현, 지금의 안휘성 소현 서북)에서부터 새벽에 한군을 공격하고 동쪽으로 진격하여 팽성에 이르더니 정오 무렵 한군을 대파하였다.

39. 한나라군 10만 명이,
睡水(수수)에서 水葬(수장)을 당하다.

 한나라군은 모두 도망치다가 穀水(곡수, 팽성의 동쪽을 거쳐서 회수로 흐름)와 泗水(사수, 곡수와 함께 팽성의 동쪽을 거쳐서 남으로 회수에 흐름)에 빠졌는데, 여기서 죽은 한나라 병졸이 10만여 명에 이르렀다. 한나라 병졸들이 모두 남쪽의 산으로 도망치니 초군은 또 추격하여 靈壁(영벽, 지금의 안휘성 회북시 서남쪽)의 동쪽 睡水(수수, 지금의 안휘성 영벽, 강소성 수영 등을 지나 사수와 합류함)에까지 이르렀다. 한군이 퇴각하여 초군에게 밀리게 되니 많은 병사들이 죽임을 당했는데, 한나라 병졸 10만 명이 모두 수수에 빠져서 수수가 이로 인해서 흐르지 않을 정도였다.

40. 한왕 유방이 포위당하자,
갑자기 큰 바람이 불어오더니,

초군이 한왕을 겹겹이 포위하자, 이때 큰 바람이 서북쪽에서부터불어와 나무를 부러뜨리고 집을 날려버리며 모래와 돌을 날리니, 사방이 칠흑처럼 어두워지며 바람이 초군을 향해서 불어닥치기 시작했다. 초군이 큰 혼란에 빠져 이리저리 흩어졌다.

41. 太公(태공, 유방의 아버지)과
呂后(여후, 한왕 유방의 부인), 초군에게 포로가 되다.

한왕이 겨우 수십 騎(기)의 병사와 더불어 도망쳤다. 沛縣(패현, 지금의 강소성 패현)을 거쳐서 가족들을 데리고 서쪽으로 가고자 하였으며, 초군도 패현까지 추격하여 한왕의 가족들을 잡으려고 하였다.

한왕의 가족들이 모두 도망하여 한왕과 만날 수가 없었다. 그러다가 한왕이 도중에 孝惠와 魯元(효혜와 노원. 유방의 적자 혜제 유영과 딸 노원공주)을 만나 이들을 수레에 태우고 길을 재촉하였다.

초군의 기병이 한왕을 쫓아오니 한왕이 다급하여 효혜와 노원을 수레 아래로 밀쳐 떨어뜨렸으나, 滕公(등공. 하후영을 말하는데, 당시 태복으로 유방의 수레를 몰았다)이 매번 내려가서 수레에 태웠으니 이렇게 하기가 세 차례나 되었다.

그가 말하기를, "비록 상황이 아무리 다급하고 말도 빨리 몰 수가 없지만, 그들을 어찌 버리려고 하십니까?"라고 하였다. 이러다가 마침내 초군 기병들의 추격을 벗어날 수가 있었다.

太公(태공)과 呂后(여후)를 찾았으나 서로 만나지 못했는데, 審食其(심이기, 패현 사람, 후에 승상이 됨)가 태공과 여후를 호위하여 샛길로 가서 한왕을 찾다가 도리어 초군을 만나게 되었다. 초군은 그들을 포로로 데리고 돌아와서 항왕 항우에게 보고하니 항왕은 그들을 계속 군영에 두었다.

42. 한왕, 주여후군을 만나 병사들을 수습하다.

이때에 여후의 오빠 周呂侯(주여후, 呂澤(여택), 주여는 봉호임)가 한나라를 위해서 군사를 이끌고 下邑(하읍, 지금의 안휘성 탕산현)에 주둔하고 있어서, 한왕은 샛길을 통해서 그에게 몸을 기탁하고는 한나라의 병사들을 모았는데, 滎陽(형양, 지금의 하남성 형양시 동북 고현진)에 이르자 모든 패장군들이 다 모여들었다. 한군의 위세가 다시 크게 떨쳐지게 되었다.

43. 유방의 한군이 彭城(팽성)에서 대패하자,
제후들이 한나라에 등을 돌리고
다시 항우의 초나라에 귀의하다.

 초군이 팽성에서 시작하여 계속 승세를 몰아서 패주하는 한군을 추격하여 형양 남쪽의 京邑(경읍, 지금의 형양현 동남쪽)과 索邑(색읍, 지금의 형양현 현성) 사이에서 한군과 접전하였는데, 한군이 초군을 패퇴시키자 초군은 형양을 지나서 서쪽으로 진격할 수 없게 되었다. 한왕이 팽성에서 패배하자 제후들은 다시 초나라에 귀의하고 한나라를 배반하였다.

44. 陳平(진평)의 계책으로
항왕 항우와 范增(범증)을 이간질시키다.

한군은 형양에 주둔해서 황하로 통하는 甬道(용도)를 수축하여 敖倉(오창, 진나라가 오산에 만든 곡식 창고)의 양식을 조달하였다.

한나라 3년(B.C. 204년), 항왕이 여러 차례 한군의 용도를 침범하여 식량을 탈취하자 군량이 부족해진 한왕이 두려워서 강화를 요청하여 항왕이 이에 응하려 하자, 歷陽侯 范增(역양후 범증)이 말하기를, "지금이 한군을 해치우기가 쉬운 때입니다. 그런데 지금 놓아주고 취하지 않는다면 나중에 반드시 후회할 것입니다."라고 하였다.

항왕이 이에 범증과 함께 급히 형양을 포위하니, 한왕은 이를 우려한 나머지, 범증과 항왕을 이간질시키는 진평의 계책을 사용하였다. 항왕의 사신이 오자, 太牢具(태뢰구. 소, 양, 돼지 세 가지 희생을 갖춘 풍성한 주연)를 준비하여 그에게 내놓으려고 하다가는, 항왕의 사신을 보고 거짓으로 놀란 표정을 지으며 말하기를, "나는 亞父(아부. 범증을 가리킴)의 사신인 줄 알았더니, 알고보니 항왕의 사신이었구나!"라고 하고는, 다시 가지고 들어가게 하고 형편없는 음식을 가져와서 항왕의 사신을 대접하였다.

使臣(사신)이 돌아와서 항왕에게 보고하자, 항왕은 이로부터 범증과 한왕이 私通(사통)하고 있는 것으로 의심하여 조금씩 그의 권력을 빼앗기 시작하였다. 그러자 범증이 크게 노하여 말하기를, "천하의 일이 대체로 정해졌으니, 이제 군왕 스스로 하실 수 있게 되었습니다. 원컨대 저의 늙은 몸을 돌려주시어 평민으로 돌아가게 해주십시오."라고 말하니, 항왕이 이를 허락하였다. 그러자 그가 미처 팽성에 이르기도 전에 등에 毒瘡(독창)이 나서 죽었다.

45. 장수 紀信^(기신)이 漢王^(한왕)의 모습으로 꾸미어 초군을 속이니, 한왕이 달아나다.

한나라 장수 紀信^(기신)이, 밤중에 형양의 동문으로 갑옷을 입은 여자 2천 명을 내보내자 초군이 사방에서 공격해왔다. 기신은 黃屋車(황옥거, 천자가 타는 수레로 노란 비단으로 지붕을 만듦)를 타고 左纛(좌독, 검정소의 꼬리와 꿩 꼬리로 만든 장식물)을 붙이고 말하기를, "城^(성) 안에 양식이 떨어져서 한왕이 항복코자 하노라."라고 하니, 초군이 모두 만세를 불렀다.

한편 한왕은 수십 騎^(기)의 병사와 함께 성의 서쪽 문으로 나와서 成皐(성고, 지금의 하남성 형양현 서쪽 사수진)로 달아났다. 기신이 "한왕은 이미 떠나셨소."라고 하니, 항왕은 기신을 불에 태워 죽였다. 초군은 형양성을 함락시켰다.

한왕은 형양을 벗어난 뒤 남으로 宛縣(완현, 지금의 하남성 남양시 남양시구 일대)과 葉縣(섭현, 지금의 하남성 평정산시 섭현 남쪽)에 가서 九江王 鯨布(구강왕 경포)를 만나 함께 행군하면서 병사를 모집하여 成皐(성고, 지금의 하남성 형양시 서북 대비산)로 다시 들어가서 수비하였다.

— 鴻溝約條(홍구약조) —
서초패왕 항우와
한왕 유방이
홍구에서 맺은 약조

46. 楚軍^(초군)과 漢軍^(한군)이,
장기간 서로 일진일퇴하며 지치다.

한나라 4년^(B.C. 203년), 항왕이 진군하여 成皐^(성고)를 포위하자 한왕은 滕公 夏侯嬰^(등공 하후영)과 함께 도망하여 겨우 성고의 북문을 나와서 황하를 건너 修武^(수무. 지금의 하남성 획가현 소수무)로 달아나 張耳^(장이)와 韓信^(한신)의 군대에 합류하였다.

초군이 마침내 성고를 함락시키고 서쪽으로 진군하려 하였으나, 한군이 군사를 보내서 鞏縣^(공현. 지금의 하남성 공현)에서 초군에 항거하여 서쪽으로 오지 못하도록 하였다.

이때에 彭越^(팽월. 「팽월 열전」에 자세함)이 황하를 건너서 東阿^(동아. 지금의 산동성 양곡현 동북 아성진)에서 초군을 공격하여 초나라 장군 薛公^(설공)을 죽였다. 항왕이 이에 직접 동쪽으로 진격하여 팽월을 공격하고, 한왕은 淮陰侯^(회음후) 한신의 군대를 얻어 황하를 건너서 남쪽으로 가려고 하였다. 鄭忠^(정충. 한의 낭중)이 한왕을 설득하니 한왕이 진격을 멈추고 河內^(하내)에 방벽을 쌓았다.

그리고 劉賈^{(유고. 유방의 堂兄(당형) 나중에 형왕에 봉해짐)}로 하여금 군사를 거느리고 팽월을 도와서 초군의 軍糧^(군량)을 불태우도록 하였다. 그러자 항왕이 동쪽으로 그들을 공격하여 이를 격파하여 팽월을 도망가게 하였다.

47. 한군과 초군, 광무산에서 수개월간 대치하다.

한왕은 군대를 이끌고 황하를 건너서 다시 성고를 탈취하고, 廣武(광무, 지금의 형양현 동북쪽 광무산에 있는 성의 이름)에 주둔하여 敖倉(오창)의 식량을 확보하였다.

항왕이 東海(동해, 지금의 산동성 담현 담성 북쪽)를 평정하고난 뒤, 서쪽으로 돌아와서 광무에 진을 치고는 서로 수개월간을 對峙(대치)하였다.

48. 항왕 항우가, 한왕의 아버지 태공을 삶아 죽이겠다고 협박하니,

이때 팽월이 여러 차례 梁(양, 하남성 동부 일대를 일컬음) 땅에서, 초군의 군량을 끊어버리니 항왕이 이를 걱정하여, 높은 도마(원래 高俎(고조)라고 하여 제사 때 희생을 놓던 높은 궤를 말함)를 준비하여 太公을 그 위에 올려놓고 한왕에게 통고하기를,

"지금 빨리 투항하지 않으면 내 태공을 삶아 죽이겠다"라고 하였다. 그러니 한왕이 전하기를, "나와 항우는 모두 북면(고대 군왕은 북쪽에 앉고, 군신은 알현할 때 북쪽을 향하여 앉음)하여 회왕의 명을 받고 "형제가 되기로 서약한다."라고 하였으니, 나의 아버지가 곧 그대의 아버지이거늘, 그대의 아비를 삶고야 말겠다면 내게도 국 한 그릇을 나누어주기 바란다(幸分我一杯羹(행분아일배갱)."라고 하였다.

그러자 항왕이 노하여 태공을 죽이려고 하니 항백이 말하기를, "천하의 일이란 아직 알 수 없는 것이며, 또한 천하를 도모하는 자는 자신의 집을 돌보지 않은 법이니, 그를 죽인다고 한들 유익함이 없고 그저 화를 더하게 될 뿐입니다."라고 하자 항왕이 태공을 놓아 주었다.

49. 항왕, 한왕에게 雌雄(자웅)을 겨루자고 하였으나,

초군과 한군이 오랫동안 서로 대치하며 결판을 내지 못하고 있어서, 壯丁(장정)들은 軍役(군역)에 시달리고 노약자들은 轉漕(전조. 전은 육상 운송. 조는 수상 운송)에 지치게 되었다.

항왕이 한왕에게 말하기를, "천하가 여러 해 동안 혼란스러웠던 것은 오로지 우리 두 사람 때문이니, 한왕과 雌雄(자웅)을 겨루어 가리고, 애꿎은 백성들을 고달프게 하지 말기로 하자."고 하였으나, 한왕은 웃으며 거절하기를, "나는 차라리 智慧(지혜)를 다툴지언정 힘을 다툴 수는 없다(吾寧鬪智不能鬪力(오녕투지불능투력)."라고 하였다.

이에 항왕이 한왕 가까운 곳으로 나아가 서로 廣武山(광무산) 골짜기를 사이에 두고 대화를 나누었다. 한왕이 항왕의 罪目(죄목)을 나열하자(한왕 유방이, 항왕 항우의 10대 죄상을 나열함. 「고조본기」에 자세함), 항왕이 노하여 일전을 벌이고자 하였으나 한왕이 응하지 않자 항왕은 숨겨두었던 쇠뇌(弩(노): 여러 개의 화살을 잇따라 쏘개 되어 있음)를 쏘아서 한왕을 맞히니, 한왕은 부상을 입고 성고로 도망쳐 들어갔다.

50. 항왕 항우가, 장군 韓信(한신)을 懷柔(회유)하였으나,

항왕은 회음후 한신이 河北(하북)을 함락시킨 후 제나라와 조나라를 무찌르고, 또 초나라를 공격하려고 한다는 소식을 듣고 司馬龍且(사마용저)로 하여금 그를 공격하도록 하였다. 회음후가 용저와 접전하고 있는데, 한군의 騎將 灌嬰(기장 관영)이 공격하여 초군을 대파하고 용저를 죽였다. 한신은 이에 스스로 齊(제)나라 假王(가왕)이 되었으나, 한왕이 장량을 보내 한신을 제왕으로 삼고, 그에게 초군을 공격하도록 하였다.

항왕은 용저의 군대가 패했다는 소식에 두려워지자, 盱台(우이) 사람 武涉(무섭)으로 하여금 제왕 한신을 설득하도록 하였으나, 한신이 거절하기를, "내가 항왕을 모셨으나, 관직은 郞中(낭중)에 지나지 않았고, 처지는 戟(극, 끝이 두 가닥으로 갈라져 있는 창)을 잡는 정도에 지나지 않았으며, 말을 해도 들어주지 않았고, 計策(계책)을 내어도 써 주지 않았기에, 초나라를 등지고 한나라에 귀의하였습니다.

한왕께서는 上將軍(상장군)의 官印(관인)을 내게 내려 주셨으며, 수만 명의 군사를 내게 주셨으며, 자신의 옷을 벗어 내게 입혀 주시고, 자신의 음식을 내밀어 내가 먹도록 해 주시고, 내가 올리는 말씀을 들어주시고 계책을 써 주셨습니다. 때문에 내가 지금에 이를

수 있게 된 것입니다. 무릇 다른 사람이 나를 몹시 아끼고 믿어 주
는데, 내가 그를 배신하는 것은 좋은 일이 아니며, 비록 죽더라도
생각을 바꿀 수는 없습니다. 부디 나를 대신해 항왕에게 辭讓(사양)
한다고 전해주십시오."라고 하였다.

51. 항왕이 외황을 함락시키고 15세 이상 남자들을 모두 生埋葬(생매장)하려 하니,

 이때에 팽월이 다시 梁(양) 땅을 함락시키고 초군의 군량을 끊어 버렸다. 항왕이 이에 海春侯(해춘후) 大司馬 曹咎(대사마 조구) 등에게, 성고를 지키기만 하고 설사 한군이 싸움을 걸어와도 절대로 싸우지 말도록 하고, 즉시 동쪽으로 가서 陳留(진류, 지금의 하남성 개봉시 동남)와 外黃(외황, 지금의 하남성 민권현 서북)을 공격하였으나, 외황이 쉽게 함락되지 않다가 며칠이 지난 뒤에야 항복을 하였다.

 항왕이 화가 나서 15세 이상의 남자들을 성 동쪽으로 끌고 가서 모조리 산 채로 파묻으려 하였다. 그러자 외황 현령 門客(문객) 중 한 사람의 열세 살 난 아들이 항왕에게 가서 說得(설득)하기를, "팽월이 힘으로 외황을 협박하는 통에 외황은 두려워 항복하는 척 하면서 대왕을 기다린 것입니다. 그런데 대왕께서 오셔서 모두를 파묻으려 하시니, 백성들이 어찌 마음으로 따를 수 있겠습니까? 여기부터 동쪽 梁(양) 지역의 10여 개 城들은 모두 두려움에 항복하려 하지 않을 것입니다."라고 하니,

 항왕이 그 말이 옳다고 여겨 埋葬(매장)하려던 외황 사람들을 살려주었다. 동쪽으로 睢陽(수양, 지금의 하남성 상구현 성 남쪽)에 이르기까지 이 소식을 듣고는 다투어 항왕에게 항복하였다.

52. 한나라군, 成皐(성고)를 함락시키다.

한편, 한군이 여러 차례 싸움을 걸어와도 성고를 지키고 있던 초군은 나오지 않았다. 한군에서 사람을 시켜서 5-6일 동안 초군을 욕하게 하자, 대사마 조구가 노하여 병사들에게 汜水(사수. 지금의 하남성 공현에서 동남쪽에서 발원하여 황하로 들어감)를 건너게 하였다. 그런데 병사들이 반쯤 건널 때 한군이 공격하여 초군을 대파하고 초나라의 진귀한 보물을 모두 차지하였다.

대사마 曹咎(조구)와 장사 翳(예), 塞王 司馬欣(새왕 사마흔)이 모두 사수에서 목을 찔러 자살하였다. 이때 항왕은 睢陽(수양. 지금의 하남성 상구현 성 남쪽)에 있었는데, 해춘후 대사마 조구의 군대가 대패했다는 소식을 듣고는 즉시 군대를 이끌고 돌아왔다.

한군은 鍾離昧(종리매. 항우 수하의 맹장)를 형양의 동쪽에서 포위하고 있었는데, 항왕이 이르자 한군은 초군을 두려워하여 모두 험난한 지역으로 달아나버렸다. 이때 한군은 식량이 풍부했고 항왕의 군사들은 지치고 군량마저 떨어진 상태였다.

53. 항우, 한왕 유방과 鴻溝約條(홍구약조)를 맺고,
태공을 풀어주다.

한왕이 陸賈(육고. 한왕의 변사)를 보내 항왕을 달래어 태공을 풀어
주도록 요청했으나 항왕은 듣지 않았다. 한왕이 다시 侯公(후공. 유
세가로 산양 사람)을 보내어 항왕에게 권유하니, 결국 식량 부족에 시
달리던 항왕이 후공의 유세를 받아들였다.

이에 천하를 둘로 나누어 鴻溝(홍구. 황하와 회수를 연결시키는 운하) 서
쪽을 한나라의 영토로 하고, 홍구 동쪽을 초나라의 영토로 하기로
한왕과 약조하였다. 항왕이 태공을 풀어줄 것을 허락하고는 즉시
한왕의 부모처자를 돌려보내니, 한나라 군사들이 모두 만세를 외
쳤다.

한왕이 후공을 平國君(평국군)에 봉하고 다시 만나려고 하지 않았
다. 그리고는 말하기를, "그는 천하의 능변가로서, 그가 거처하는
나라를 망하게 할 것이므로 평국군이라고 이름한다."라고 하였다.

항왕 항우는 약조한 바에 따라 군대를 철수시켜 동쪽으로 돌아
갔다. 한왕 유방도 서쪽으로 돌아가고자 하자 張良(장량)과 陳平(진
평)이 說得(설득)하기를,

垓下之戰(해하지전) ·

四面楚歌(사면초가) ·

霸王別姬(패왕별희)

54. 한왕, 장량과 진평이 간하니
홍구약조를 파기하다.

項王(항왕) 항우가 홍구약조에 따라 군대를 철수시켜 동쪽으로 돌아갔다. 漢王(한왕) 유방도 서쪽으로 돌아가고자 하자.

張良(장량)과 陳平(진평)이 다음과 같이 諫(간)하였다.

"漢(한)나라가 천하의 거의 절반을 차지하자 제후들이 다투어 귀의하고 있습니다. 그런데 초나라 군사들은 지칠대로 지쳐 있고 군량도 떨어졌습니다. 이는 하늘이 초나라를 망하게 하려는 때가 온 것입니다(此天亡楚之時也(차천망초지시야)). 그러니 이 기회를 이용하여 초나라를 치는 것이 좋을 것입니다. 만일 지금 놓아주고 공격하지 않는다면 이는 이른바 '호랑이를 길러 스스로 화를 자초하는 것(養虎自遺患(양호자유환))'과 같습니다."라고 하였다. 이에 한왕이 그 말을 따르기로 하였다.

55. 장량의 계책으로 한신과 팽월이 합류하다.

그리하여 한나라 5년(B.C. 202년), 한왕이 항왕을 陽夏(양하. 지금의 하남성 태강현에 위치함) 남쪽까지 추격하여 진을 치고는, 淮陰侯 韓信 (회음후 한신), 建成侯 彭越(건성후 팽월)과 회합하여 날짜를 정해 놓고 초군을 공격하기로 약조하였다.

그런데 한군이 固陵(고릉. 위 태강현 남쪽에 위치한 촌락)에 이르렀는데도 한신과 팽월의 군대가 오지 않았다. 그러자 초군이 한군을 공격하여 크게 무찌르니, 한왕은 다시 진지로 들어가서 참호를 깊게 파고 수비만을 하였다.

한왕이 張子房(장자방 즉 장량)에게 계책을 물으니, "陳縣(진현) 동쪽에서 해안지역까지를 모두 한신에게 주시고, 睢陽(수양, 지금의 하남성 상구현 남쪽) 이북에서 穀城(곡성, 지금의 산동성 평음현 동아진)까지를 팽월에게 주셔서 각자 스스로를 위해서 싸우게 한다면 초나라를 무찌르는 것은 쉬운 일."이라고 하였다.

이에 한왕이 사신을 보내어 한신과 팽월에게 "초군이 격파되면 진현 동쪽에서 해안에 이르는 지역을 齊王(제왕) 한신에게 줄 것이며, 수양 이북에서 곡성까지를 彭相國(팽상국, 팽월이 일찍이 위표의 상국으로 있었음)에게 줄 것이오."라고 하였다.

이에 한신과 팽월이 즉시 진군하기로 하여, 한신은 齊(제)에서 진군하였고, 劉賈(유고, 유방의 친척으로 함께 봉기하여 후에 형왕에 봉해짐)의 군대도 壽春(수춘, 지금의 안휘성 수현)에서 함께 진군하여 城父(성보, 지금의 안휘성 박현 동남)를 전멸시키고 垓下(해하. 지금의 안휘성 영벽현 동남 沱河(타하)의 북쪽)에 이르렀다.

56. 한의 연합군 모두 해하에 집결하여,
垓下之戰(해하지전)이 시작되다.

　大司馬 周殷(대사마 주은)은, 항우의 장수였으나 유방의 유혹으로 초나라를 배반하여 舒縣(서현, 지금의 안휘성 노강현 서남쪽)의 군사로 六縣(육현, 여섯 현)을 도륙한 다음, 九江(구강)의 병졸(경포의 군대를 가리킴)을 동원하여 유고와 팽월을 따라서 모두 垓下(해하)에 모여 항왕의 초군을 향해서 진격하였다. 항왕의 군대는 해하에 방벽을 구축하고 있었는데, 군사는 적고 군량은 다 떨어진 데다 한군과 제후의 군대에게 여러 겹으로 包圍(포위)되어 있었다.

57. 四面楚歌(사면초가):
밤에 사방에서 초나라 노래 소리가 들려오고.
霸王別姬(패왕별희):
항우와 우희가 이별의 노래를 읊으니,

　밤이 되자 한군이 부르는 초나라 노래 소리가 사방에서 들려왔다(四面楚歌(사면초가)). 항왕은 크게 놀랐다. "한군이 이미 초나라 땅을 모두 점령하였단 말인가? 어찌하여 초나라 사람이 이리도 많은가?"라고 하였다. 그날 밤 항왕은 막사 안에서 술을 마셨다. 항왕에게는 虞(우)라는 이름의 미인이 있었는데, 항상 총애를 받으며 그의 시중을 들고 있었고, 또 騅(추)라는 이름의 駿馬(준마)가 있었는데, 그는 항상 이 말을 타고 다녔다. 이에 항왕은 悽然(처연)한 심정에 젖어 비통함을 노래하며 詩(시)를 지어 읊었다.

　　힘은 산을 뽑을 수 있고, 기세로는 온 세상을 덮을 만하건만

　　(力拔山兮氣蓋世(역발산혜기개세)),

　　시운이 불리하니 추도 달리지 않는구나

　　(時不利兮騅不逝(시불리혜추불서)),

　　추가 달리지 않으니 어찌해야 하는가?

　　(騅不逝兮可奈何(추불서혜가나하)),

　　虞(우)여, 虞(우)여, 그대를 어찌해야 좋을까!

　　(虞兮虞兮奈若何(우혜우혜나약하)!)

항왕이 여러 차례 읊조리자, 우미인이 화답했다. 『史記正義(사기정의)』는 『楚漢春秋(초한춘추)』를 인용해 우미인이 부른 노래를 기록하기를,

"한나라 병사가 이미 초나라를 공략해 사방에서 초나라 노래가 들리네.

(漢兵己略地, 四方楚歌聲(한병기략지, 사방초가성)),

대왕의 의기가 다했으니 천첩이 어찌 살 수 있겠는가.

(大王意氣盡, 賤妾何聊生(대왕의기진, 천첩하료생))"라고 읊었다.

항우의 뺨에 몇 줄기 눈물이 흘러내리니 좌우가 모두 눈물을 흘리며 차마 쳐다보지 못하였다(항우가 노래를 부르고, 애첩 우미인이 이에 화답하자 눈물을 흘리며 우미인의 목을 베어 달아나는 등의 이른바 "霸王別姬(패왕별희)" 대목은 虛構(허구)에 지나지 않는다고 주장하고, 司馬光(사마광)도 『資治通鑑(자치통감)』을 편제하면서 이를 說話(설화)로 간주해 모두 漏落(누락)시켰다고 한다.

58. 항왕 항우, 농부의 속임수로
큰 늪에 빠지고 말다.

이때 항왕이 바로 말에 올라타니 麾下(휘하) 장사 중 말을 타고 따르는 자가 800여 명이 되었다. 그날 밤 그들은 포위를 뚫고 남쪽으로 나가 질주하였다. 날이 밝자 한군이 이 사실을 알고 騎將 灌嬰(기장 관영)으로 하여금 5,000명의 기병을 이끌고 추격하도록 하였다.

항왕이 淮水(회수, 하남성 동백산에서 발원하여 안휘성 강소성을 지나 황하로 흐름)를 건너니 그를 따라오는 자는 이제 100여 騎(기)에 불과하였다. 항왕이 陰陵(음릉, 지금의 안휘성 정원현 서북쪽)에 이르러 길을 잃어 버리자,

한 농부에게 물으니 농부가 속여 말하기를 "왼쪽이오"라고 하여 왼쪽으로 가다가 큰 늪, 大澤(대택, 소택지를 말함: 지금의 안휘성 정원현 서남쪽 迷溝(미구)가 항우가 빠졌던 늪이라고 전함)에 빠지고 말았다. 이로 인해서 한군이 바짝 쫓아오게 되었다. 항왕이 이에 다시 군사를 이끌고 동쪽으로 가서 東城(동성, 안휘성 정원현 동남쪽)에 이르니 겨우 28기만이 남았고, 추격하는 한군의 기병은 수천이었다.

59. 항왕, 이는 하늘이 나를 망하게
하는 것(此天之亡我(차천지망아))이라고 하늘을 원망하다.

항왕이 스스로 생각해도 도저히 벗어날 수가 없다고 판단해, 그의 기병들에게 말하기를 "내가 군사를 일으킨 지 지금 8년이 되었다. 몸소 70여 차례의 전투를 벌였는데 내가 맞선 적은 격파시키고 내가 공격한 적은 屈伏(굴복)시켜 일찍이 패배를 몰랐으며, 마침내는 천하의 패권을 차지하게 되었다. 그러나 지금 여기에서 곤경에 처하였다.

이는 하늘이 나를 망하게 하는 것이지, 결코 내가 싸움을 잘하지 못한 죄가 아니다(此天之亡我, 非戰之罪也). 오늘 정녕 결사의 각오로 통쾌히 싸워서 기필코 세 차례 승리하여, 그대들을 위해서 포위를 뚫고 敵將(적장)을 참살하고 적군의 깃발을 쓰러뜨려서 그대들로 하여금, 하늘이 나를 망하게 하는 것이지 싸움을 잘못한 죄가 아님을 알게 하고 싶노라."라고 하고는 기병을 넷으로 나누어 사방으로 향하게 하였다.

한군이 겹겹이 포위하니, 항왕은 기병에게 말하기를 "내가 그대들을 위해서 저 적장을 베리라."라고 하고는 기병들에게 사방으로 말을 달려 내려가도록 하고 山(산, 지금의 안휘성 화현 북쪽의 사궤산이라고 전해진다)의 동쪽 세 군데에서 나누어 만날 것을 약속하였다. 그리고 난 뒤 항왕이 크게 소리치며 아래로 말을 달려가니 한군이 바람에 초목이 쓰러지듯이 흩어지자, 항왕은 마침내 한나라 장수 한 명의 목을 베었다.

이때 騎將(기장) 이었던 赤泉侯(적천후, 낭중기장으로 楊喜(양희)를 말함)가 항왕을 추격하자 항왕이 눈을 부릅뜨고 꾸짖으니 적천후는 사람과 말이 모두 놀라서 몇 리 밖으로 달아나버렸다. 이리하여 항왕은 산의 동쪽 세 군데에서 그의 기병들을 만났다. 한군은 항왕의 소재를 알 길이 없자 군사를 셋으로 나누어 초군을 다시 포위하였다. 이에 항왕이 말을 달려서 한나라 都尉(도위)한 명을 斬殺(참살)하고 10여 명을 죽인 뒤 다시 그의 기병들을 모으니 기병 2명이 죽었을 뿐이었다.

이에 항왕이 기병들에게 "어떠냐"라고 묻자, 기병들이 모두 엎드려서 말하기를 "대왕의 말씀과 같사옵니다"라고 하였다.

60. 하늘이 나를 망하게 하려는데,
내가 烏江^(오강)을 건너서 무엇을 하리

(天之亡我, 我何渡爲^(천지망아 아하도위))!

이때에 항왕은 동쪽으로 烏江^{(오강. 지금의 안휘성 화현 동북쪽의 장강, 오}
^{강포가 있음)}을 건너려고 하였다. 오강의 亭長^(정장)이 배를 강 언덕에
대고 기다리다가 항왕에게 말하기를 "江東^(강동)이 비록 작으나 땅
이 사방 천리요, 백성들 수가 수십만에 이르니 그곳 또한 족히 왕
이 되실 만한 곳입니다. 원컨대 대왕께서는 얼른 건너십시오. 지
금 신에게만 배가 있어 한군이 이곳에 온다 해도 강을 건널 수는
없을 것입니다."라고 하였다.

항왕이 웃으며 말하기를 "하늘이 나를 망하게 하려는데, 내가
건너서 무얼 하겠나? 또한 내가 강동의 젊은이 8,000명과 함께
강을 건너 서쪽으로 갔었는데 지금 한 사람도 돌아오지 못했거
늘, 설사 강동의 父兄^(부형)들이 나를 불쌍히 여겨 왕으로 삼아준
다고 한들 내가 무슨 면목으로 대하겠는가? 설사 그들이 아무 말
을 하지 않는다 해도 내 양심에 부끄럽지 않을 수 있겠는가?"라고
하고는,

정장에게 말하기를 "나는 그대가 후덕한 사람임을 알고 있다.
나는 5년 동안 이 말을 탔는데, 이 말을 타고 내 앞의 모든 적을
무찔렀으며, 하루에 천리를 달렸다. 내 차마 이 말을 죽일 수 없어
그대에게 주겠다."라고 하고는 기병들로 하여금 모두 말에서 내려

걷도록 하고는 손에 짧은 무기만을 들고 백병전을 벌여서 항우 혼자서 죽인 한군이 수백 명이었다. 항왕도 몸에 10여 군데 부상을 당했다.

61. 항왕 항우,
오강에서 스스로 목을 찔러 죽다(烏江自盡(오강자진)).

항왕은 한나라 騎司馬(기사마, 기병의 장령) 呂馬童(여마동)을 돌아보며 말하기를 "너는 예전에 내 부하가 아니었더냐?"라고 하자 여마동이 항왕을 바라보면서, 王翳(왕예)에게 항왕을 가리켜 말하기를 "이 이가 바로 항왕입니다."라고 하였다. 그러자 항왕이 말하기를 "내가 들으니 한왕이 나의 머리를 千金(천금)과 萬戶(만호)의 邑(읍)으로 사려고 한다하니, 내 그대들에게 恩惠(은혜)를 베풀어 주리라." 라고 하고는 이에 스스로 목을 찔러 죽었다(烏江自盡). 그러나 『한서』「고제기」에 "관영이 항우를 추격해 동성에서 죽였다."하고, 사마천도, "5년 후에 끝내 나라를 망치고 자기는 동성에서 죽게 되었다."라고 기록이 되어 있다.

62. 다섯 사람이 자신이 차지한
항왕의 몸을 맞추어 보니,

　왕예가 항왕의 머리를 가지고, 다른 기병들이 서로 짓밟으며 항우의 몸을 爭奪(쟁탈)하다가 서로 죽인 자가 수십 명이 되었다. 마지막에는 낭중기장 楊喜(양희)와 기사마 여마동, 郎中 呂勝(낭중 여승)과 楊武(양무)가 각기 항우의 몸 한 쪽씩을 차지하였다. 다섯 사람이 자신이 차지한 항왕의 몸을 맞추어보니 과연 틀림없었다.

　그러므로 그 땅(상으로 내건 萬戶(만호)를 말함)을 다섯으로 나누어 여마동을 中水侯(중수후)에 왕예를 杜衍侯(두연후)로 양희를 赤泉侯(적천후)에 양무를 吳防侯(오방후)에 여승을 涅陽侯(열양후)에 각 봉했다.

63. 노현의 백성들이 마지막으로 항복하니,
항왕 항우를 곡성에 안장하다.

항왕이 죽자 초나라 모든 지역이 모두 한나라에 투항했는데, 유독 항우의 봉지인 魯縣(노현)만이 항복하지 않했다. 이에 한왕이 곧 군대를 이끌고 노현을 도륙하려고 하였다. 그러나 노현 백성들은 예의를 고수하며 魯王(노왕)으로 있던 항우를 위해 목숨을 바쳐 死節(사절. 죽음으로 절개를 지키려고함)을 행하고자 하는 것이었다.

한왕이(무력을 사용하지 않고) 항왕의 머리를 가지고 가서 노현 백성들에게 보였다. 그러자 노현 부형들이 투항하였다.

처음에 초나라 懷王(회왕)이 項籍(항적 즉 항우)을 魯公(노공)으로 봉했고 지금 그가 죽자 비로소 노현이 함락되었으므로 노공이라는 봉호에 대한 예우로 항왕을 穀城(곡성. 지금의 산동성 평음현 동남쪽 동아진을 말함)에 安葬(안장)하였다. 한왕이 항왕을 위해서 發喪(발상)하고 흐느끼며 떠났다(B.C. 202년, 한왕 5년, 항우 31세, 유방 55세).

한왕은 여러 항씨 일족들을 죽이지 않았다. 그리고 項伯(항백)을 射陽侯(사양후)에 봉하였고, 桃侯(도후) 項襄(항양), 平皐侯(평고후) 項佗, 玄武侯(현무후. 미상)가 모두 項氏(항씨)였으나, 그들에게 劉氏(유씨) 성을 下賜(하사)하였다.

64. 황제도 아닌 諸侯王(제후왕)에 불과한 항우를 司馬遷(사마천)은 왜 本紀(본기)에 編入(편입)하였는가?

황제가 아닌 항우를 본기에 편입한 것에 대하여 후세에 논란이 많았고 비난도 많았다. 그러나 사마천은, "歷史(역사)의 중대한 기점에서 天下大勢(천하대세)를 좌우하는 데에 핵심적인 役割(역할)을 담당했다면 누구든 본기에 들어갈 수 있다."는 것이었으므로,

진나라가 망한 다음 대륙이 유방에 의해 통일되기까지, 그 5년 동안의 공백을, 항우가 名實相符(명실상부)하게 당시 대세를 주도한 인물로서 항우가 西楚霸王(서초패왕)을 자처하면서 각지의 세력들을 통합하여, 그 세력들을 제후왕에 봉하는 등 실질적인 황제 역할을 수행했지만 실제로 황제에 오른 적은 없다. 사마천은 이런 矛盾(모순)을 절충해 항우를 본기에 편입하면서 황제들처럼 諡號(시호)나 廟號(묘호)가 아닌 이름을 가져와 『項羽本紀』라고 지었다.

65. 항우에 대한 평

그러면서 항우에 대한 評(평)을 하였는데, "진나라가 실정을 하자 陳涉(진섭)이 처음 난을 일으키고 호걸들이 蜂起(봉기)하여 서로 다투었으니 그 수를 이루 다 셀 수 없었다. 그러나 항우는 세력을 전혀 가지고 있지 않았으면서도, 秦(진) 末(말)의 대세를 틈타 민간에서 흥기하여 3년 만에 마침내 다섯 제후(齊(제). 趙(조), 韓(한), 魏(위), 燕(연) 다섯 나라)를 거느리고 진나라를 멸망시켰다. 그리고는 천하를 分割(분할)하여 王(왕), 侯(후)를 봉하고, 모든 政令(정령)이 항우에게서 나왔으며 자신을 '霸王(패왕)'이라고 칭하였다.

그 왕위가 비록 끝까지 가지는 않았으나 이는 近古(근고) 이래로 없었던 일이다. 그러다가 항우가 關中(관중)을 버리고 楚(초)나라를 그리워하고, 懷王(회왕) 義帝(의제)를 쫓아내 죽이자, 王侯(왕후)들이 자신을 배반한 것을 원망하기에 이르자 상황이 어렵게 되었다.

항우는 스스로 공로를 자랑하고(功致辭(공치사)), 자신의 사사로운 지혜만을 앞세워 옛것을 스승삼지 아니하였으며(自矜功伐(자긍공벌)) 奮其私智而不師古(분기사지이불사고)), 패왕의 功業(공업)이라고 하면서 무력으로 천하를 정복하고 다스리려고 하다가 5년 만에 마침내 나라를 망치고 몸은 東城(동성)에서 죽으면서도 아직 깨닫지 못하고 스스로를 책망하지 않았으니, 이는 잘못된 것이었다.

그리고는 끝내 "하늘이 나를 망하게 한 것이지, 결코 내가 싸움을 잘하지 못한 죄가 아니다(天亡我, 非用兵之罪也)라는 말을 핑계로 삼았으니, 이 어찌 황당한 일이 아니겠는가?"라고 하였다.

66. 항우의 실패 원인 분석

史家(사가) 등 많은 사람들이 항우의 실패 원인을 진단했는데, 항우의 타고난 性格(성격)과 氣質(기질)이 유방의 성격과 기질과 대비하여 그 成敗(성패)를 갈랐다고 하고, 정치적 頭腦(두뇌)가 모자랐으며 B.C. 202년에 항우는 31세, 유방은 55세로 나이 차이가 24세였으니 인생 경험도 부족하였다.

그리고 楚漢爭霸(초한쟁패)의 과정에서 항우는 民心(민심)을 다 잃었으니, 그 예를 들어보면, 襄城(양성, 지금의 하남성 양성현)을 陷落(함락)시키고 捕虜(포로)들을 모두 산 채로 묻어 버린 행위(2편 9), 降伏(항복)한 진나라 병졸 20여만 명을 信安城(신안성, 지금의 하남성 승지현 동쪽)에서 生埋葬(생매장)한 행위(2편 19), 진 나라 수도 咸陽城(함양성)에 諸侯(제후)들의 군대를 이끌고 입성하여 진왕 子嬰(자영)과 진 나라 公子(공자) 및 皇族(황족)들을 죽이고 百姓(백성)들을 殺戮(살육)하고 宮室(궁실)을 불태우고 부녀자들을 차지하였으며 珍貴(진귀)한 寶物(보물)과 財物(재물)들을 거두어 제후들과 나누어 가진 행위(1편 35), (유방과 대조적인 처신), 제나라 田榮(전영)이 반란을 일으키자 북진하여 제나라 城廓(성곽)과 집들을 불살라 없애버리고 降伏(항복)한 전영의 군졸들을 생매장했으며, 老弱者(노약자)와 婦女子(부녀자)들을 묶어서 捕虜(포로)로 삼고 북해까지 토벌하니 많은 사람이 죽고 많은 곳이 破壞(파괴)되었으며(2편 37), 外黃(외황, 지금의 하남성 민권현 서북)을 함락시키고 15세 이상 남자들을 모두 성 동쪽으로 끌고 가서 모조리 산 채로 파묻으려 하였다(2편 51). 항우의 이런 행위는 백성들의 民心(민심)을 다 잃은 행위라고 하겠다.

항우가 名分(명분)을 잃은 행위를 들어보면, 吳縣(오현)에서 항량과 속임 수를 써서 會稽郡守(회계군수) 殷通(은통)을 죽였으며(2편 5), 자기의 上官(상관)인 상장군 宋義(송의)의 목을 베 죽인 행위(2편 15), 당초 약속을 어기고 沛公(패공) 劉邦(유방)을 奧地(오지)인 巴(파, 지금의 중경시), 蜀(촉, 지금의 사천성 성도시), 漢中(한중, 지금의 섬서성 한중시) 땅의 漢王(한왕)으로 내쫓은 일(2편 30), 진나라를 滅亡(멸망)시키고 名實相符(명실상부) 천하의 大權(대권)을 쥐고 스스로 西楚霸王(서초패왕)이 되어, 여러 제후들을 상대로 행한 分封(분봉)을 자신의 好不好(호불호)에 따라 諸侯王(제후왕)을 봉한 不公平(불공평)하고 不合理(불합리)한 論功行賞(논공행상)을 하여, 이에 제후들이 즉각 反撥(반발)해서 항우에 반대하는 抵抗(저항)을 불러왔으며(2편 32, 33), 자기가 섬기던 초나라 왕 義帝(의제)를 죽임으로 大逆無道(대역무도)한 犯罪(범죄) 행위를 하자(2편 34) 名分(명분)과 人心(인심)을 잃게 되고 천하가 그를 非難(비난)하게 되었다(3편 57에서 항우의 열 가지 죄상도 참고).

항우는 무척 傲慢(오만)한 인간이었다. 그는 자신이 이 세상에서 唯一無二(유일무이)한 존재이며, 그 누구와도 비교할 수 없는 蓋世(개세)의 영웅이자 百勝(백승) 장군이라고 생각했다. 자신도 얼마든지 失敗(실패)할 수 있다는 사실을 그는 인식하지 못했다. 그러다 정말 실패하게 되었을 때는, 時運(시운)만을 탓하며 자기의 잘못을

認定(인정)하지 않고. '이는 하늘이 나를 망하게 하는 것이지, 결코 내가 싸움을 잘하지 못한 죄가 아니다(此天之亡我(차천지망아), 非戰之罪也(비전지죄야).'고 하늘을 원망하였다(2편 59).

韓信(한신)이 항우로부터 薄待(박대)를 받고 유방에게로 왔는데, 그는 항우의 性格(성격)을 정확히 꿰뚫어보고 있었다. 한신은 항우가 자신의 성격 때문에 必敗(필패)할 것이라고 유방에게 말했다는데, 항우는 필부의 용기(匹夫之勇(필부지용, 혈기만 믿고 날뛰는 경솔한 용기)요, 다른 하나는 '아녀자의 사소한 인정(婦人之仁(부인지인: 아낙네가 자식에게 베푸는 것과 같은 사사로움에 이끌리는 정))'이었다. 여기에 두 가지 약점을 더하면, '小人氣質(소인기질)'과 '옹졸함'이라고 하겠다. 하늘의 命(명)을 알지 못한 항우는 君子(군자)가 될 수 없었다고 하겠다.

위에 비교하여 유방의 경우를 보면, 유방은 최종적인 승리를 위해 항우가 해내지 못한 많은 일들을 해냈다. 능력 있는 부하를 禮(예)로써 待遇(대우)하고 그들의 忠言(충언)을 眞心(진심)으로 傾聽(경청)하였으며, 자신의 잘못은 곧바로 是正(시정)하고, 자신의 개인적인 慾望(욕망)은 최대한 抑制(억제)했다. 진나라의 수도 함양에 입성했을 때에는 約法三章(약법삼장) 등의 원칙을 내세워 父老(부로) 등 지역민들의 환영을 받았다. 그는 밖으로 천하 百姓(백성)의 마음을 얻었고, 안으로 臣下(신하)와 將帥(장수)들의 마음을 얻었다.

유방의 가장 큰 長點(장점)은 무엇보다도 人才(인재)를 잘 활용했다는 점이었다. 유방이 皇帝(황제)가 된 후 신하들과 더불어 자신이 왜 천하를 얻을 수 있었으며 항우는 왜 실패했는지 논의한 적이 있다. "나는 군사 장막 안에서 천 리를 내다보는 안목은 張良(장량)에 미치지 못했고, 나라를 제압하고 백성들을 돌보며 군수물자와 군량미 공급을 관리하는 능력은 蕭何(소하)에 미치지 못했다. 백만의 군사를 이끌고 전쟁을 승리로 이끄는 능력은 韓信(한신)에 미치지 못했다. 하지만 이들 세 명을 내 곁에 두고 쓸수 있었기 때문에 천하를 얻을 수 있었다. 항우는 范增(범증) 한 사람도 제대로 활용하지 못했기 때문에 천하를 얻는 데 실패한 것이다."(3편 67 참조)라고 했다.

옳은 진단이라고 하겠다. 항우는 '저 혼자 英雄(영웅)'이었지만 유방은 유능한 人才(인재)와 智慧(지혜)를 모두 모아 활용했다. 그 덕에 유방은 할 줄 아는 게 별로 없으면서도 모든 것을 이루었다.

漢 高祖
(한 고조)
劉邦
(유방)

천자의 運氣^(운기)를 타고난
漢 高祖^(한 고조) 劉邦^(유방)

천자의 運氣(운기)를 타고난
漢 高祖(한 고조) 劉邦(유방)

1. 한 고조 劉邦^(유방)의 출생 神話^(신화)

한 고조, 유방은 江蘇省 沛縣^(강소성 패현, 지금의 강소성 서주시 패현) 豐邑^(풍읍, 당시 패현에 속해 있던 읍으로 지금의 강소성 서주시 풍현) 中陽里^(중양리) 사람으로 姓^(성)은 劉氏^(유씨), 字^(자)는 季<sup>(계, 고조는 황제로 즉위한 후에야 이름을 邦^(방)이라고 하였다.

그 이름을 기재하지 않은 것은 사마천이 한나라의 신하로서 황제의 이름을 피하기 위한 것이다. 季^(계)는 원래 형제간의 佰^(백), 仲^(중), 淑^(숙), 季^(계)의 序列^(서열)가운데 마지막에 속한 것인데, 사마천이 이를 고조의 자로 삼은 것이다.

아버지는 太公이라고 하며 어머니는 유오(劉媼)라고 한다<sup>(한 고조의 부모 이름이 확실치 않아, 노년 남자에 대한 존칭인 태공과 노년부녀에 대한 통칭인 媼^(오, 속음은 온)로, 태공은 노인장, 유오는 유씨 집안의 부인이라는 뜻이다. 그러므로 유방의 집안은 아무리 좋게 말해도 평민 이상은 못 된다. 중국 역사상 최초의 평민 皇帝^(황제)가 바로 유방이다.

전에 유오가 큰 연못가에서 휴식을 취한 적이 있는데, 그때 잠간 잠이든 사이에 神^(신)을 만나는 꿈을 꾸었다<sup>(夢與神遇<sup>(몽여신우, 신화 및 전설에서 나오는 遇^(우)는 단순한 만남이 아니라 대개 남녀가 정을 통했다는 의미이다). 이때 하늘에서 천둥이 치고 번갯불이 번쩍이더니 갑자기 사방이 어두컴컴해졌다. 태공이 달려가보니 蛟龍^{(교룡, 큰 물을 일으킨다는}

용의 일종)이 부인의 몸 위에 올라가 있었다. 그리고 나서 얼마 후에 유오가 妊娠(임신)을 하여 고조 유방을 출산하였다.

유방이 태어난 B.C. 256년은 유방의 그의 조국 楚(초)나라의 역법으로 계산하면 초 考熱王(고열왕) 7년이고, 천자가 있는 周(주) 왕조의 역법으로 계산하면 주 赧王(난왕) 59년이다. 훗날 천하를 통일하는 秦(진)나라의 역법으로 계산하면 진 昭王(소왕) 51년이다. 이때 진시황은 4세였다. 그는 모친과 함께 趙(조)나라의 수도 邯鄲(한단)에서 볼모로 있었다(진시황은 BC 259년생, 항우는 B.C. 232년생).

2. 유방의 觀相(관상)과 性格(성격) 등 奇異(기이)한 이야기들

　유방은 콧날이 높고 이마는 튀어 나와서 얼굴 모습이 용을 닮았으며(龍顔(용안, 이때부터 황제의 얼굴을 가리키는 용어가 됨)), 멋진 鬚髥(수염)을 기르고 있었다. 그리고 왼쪽 넓적다리에는 72개의 검은 점이 있었다. 그는 어질고 사람사귀기를 좋아하였으며, 베풀기를 좋아하고, 탁 트인 마음에 언제나 넓은 度量(도량)을 가지고 있었다. 그는 일반 서민들처럼 생계를 위한 직업에 얽매이는 것을 꺼려했으며, 나름대로 원대한 抱負(포부)를 가지고 있었다.

3. 유방, 사수정 정장이 되더니,

유방이 壯年(장년)인 34세가 되어 시험을 거쳐서 泗水亭(사수정, 지금의 강소성 서주시 패현 동쪽)의 亭長(정장, 秦(진)나라 시대에 縣(현) 아래에 鄕(향)을, 향 아래에 亭(정)을 설치했는데, 10里(리)마다 1정을 두고 10정마다 1향을 두었다. 정장은 관리의 이름으로 정의 치안과 소송 등의 직무를 담당함)이 되었는데, 유방은 縣廳(현청)의 관리들과 아주 막역하게 지내는 사이가 되어 그에게서 짓궂은 놀림을 당하지 않은 자가 없을 정도였다.

또 그는 술과 女色(여색)을 좋아하여 하루가 멀다 하고 늘상 王媼(왕오, 왕씨 집 부인 뜻)와 武負(무부, 무씨 집 부인, 負(부)는 婦(부)와 통함)의 주막에 가서 외상으로 술을 마셨으며, 술에 취하여 드러눕곤 하였다. 그럴 때마다 왕오와 무부는 언제나 그의 몸 위에 용이 나타나는 것을 보고 奇異(기이)하게 여겼다.

유방이 이들의 酒幕(주막)에 와서 술을 마시는 날이면, 술이 평소의 몇 배씩이나 팔렸는데, 그 기이한 일을 겪은 후로 년말이 되면 두 주점에서는 늘 외상장부에서 그의 외상 거래 기록을 지워버리고 술값을 받지 않았다.

전국시대 말기에 17세의 남자는 성년이었다. 남자가 성년이 되면 부역할 적령이라고 하여 등록을 한다. 이것을 簿籍(부적)이라고 하는데, 관리가 되든 부역이나 종군을 할 연령이었다. 유방이 17

세가 되던 해는, 초 고열왕 23년, 즉 B.C. 240년이고. 진시황이 왕이 된 지 7년째 되던 해였다. 유방이 성년이 되어 장년인 34세에 사수정 정장이 되었으니 늦게 하급관리가 되었고, 결혼도 늦었고(37세), 자식을 본 것도 늦었으며(40세), 군사를 일으킨 것도 늦었고(47세), 황제가 된 것도(50세)이니, 그는 전형적으로 晚熟(만숙)한 인물인 大器晚成(대기만성) 형이다.

4. 유방이,
함양에서 진시황 행차를 보고 탄식하거늘,

유방이 일찍이 咸陽(함양, 당시 진의 수도로 지금의 섬서성 함양시)에 가서 徭役(요역)을 하고 있을 때, 어느 날, 진시황의 행차를 일반 백성들에게 특별히 허락하여 다른 사람들과 함께 도로 양편에 늘어서서 그 광경을 구경하게 되었는데(당시는 천자가 행차할 때 경비가 삼엄하여 구경하는 것이 금지되어 있었으나, 이때만은 이를 허락하여 백성들이 마음대로 볼 수 있도록 하였다), "오호, 대장부라면 마땅히 저 정도는 되어야지!(嗟乎 大丈夫當如此矣(차호 대장부당여차의)!)"라며 크게 탄식(喟然大息(위연대식))을 하였다고 한다.

5. 呂公(여공), 유방이 귀인의 觀相(관상)이라고
그의 딸 呂雉(여치)를 그에게 시집보내다.

單父(선보. 고을 이름 선. 지금의 산동성 하택시 선보현) 사람 呂公(여공)은 패현 현령과 친분이 두터웠다. 그가 怨讎(원수)진 사람을 피해 패현 현령의 빈객이 되어 머물고 있었다. 패현의 호걸과 향리들이 현령에게 귀빈이 와 있다는 소식을 듣고 방문하여 인사를 드렸다. 당시 主吏(주리)로 있던 蕭何(소하)가 진상한 예물을 관리했는데 여러 방문객들에게, "진상한 예물이 천 냥에 이르지 않은 사람은 당하에 앉으시오."라고 하였다.

당시 정장이었던 유방은 평소 뭇 관리들과 막역하게 지내왔으므로 거짓으로 명함에 꾸며, "하례금 만 냥"이라고 써넣었으나, 사실은 한냥도 지참하지 않았다. 명함이 전해지자 여공은 크게 놀라며 자리에서 일어나서 유방을 문앞에서 맞이하였다.

그는 어려서부터 관상 보기를 좋아했다. 여기서 여공이 유방을 보자 그의 모습을 보고 매우 존경하며 자리에 앉게 하였다. 연회가 끝나고 모두들 가고 여공이 유방에게 눈짓을 하여 유방이 뒤에 남았다. 이에 여공이 말하기를, "내가 젊어서부터 관상보기를 좋아하여 많은 사람을 보았지만 당신같은 관상이 없었다고 하며, 딸이 하나 있는데 그대에게 시집을 보낼까 하오."라고 하였다.

여공이 술이 깨자. 여공의 아내가 화를 내며 "당신은 예전부터

179

늘 우리 딸이 남다르다며 귀인에게 시집보내고 싶다 하지 않았습니까? 패현 현령이 친분이 있어 딸을 달라는데도 주지 않더니 어찌 유계에게 덜컥 주려 하십니까?"라고 하였다. 여공이, "이 일은 아녀자가 알 바가 아니오."라고 하고 결국 유방에게 그의 딸 呂雉(여치)를 시집보냈다. 여치가 바로 훗날의 呂太后(여태후)이며, 孝惠帝(효혜제)와 魯元公主(노원공주)를 낳았다.

6. 어떤 노인이, 여후와 두 아이의 관상을 보고, 유방의 관상을 보더니,

유방이 亭長(정장)으로 근무하면서, 언젠가 휴가를 얻어 고향에 온적이 있었다. 하루는 여후가 두 아이를 데리고 밭에서 김을 매고 있었는데, 지나가던 어떤 노인이 마실 물을 청하였다. 그녀가 물을 떠다가 그 노인에게 주니, 그 노인이 여후의 관상을 보고, "부인은 천하의 귀인이 되실 상을 가지고 계십니다."라고 말하였다. 여후는 두 아이의 관상도 봐 달라고 청하였다. 노인은 효혜제를 보고, "부인이 귀하게 되는 것은 바로 이 남자 아이 때문입니다."라고 말하더니, 노원공주의 상을 보고는 역시 귀상이라고 하였다.

노인이 떠나고 나서, 마침 유방이 旁舍(방사, 본채 곁에 딸린 작은 집)에서 나왔다. 여후가 남편에게 조금 전에 있었던 일을 낱낱이 애기하였다. 유방이 그 노인의 행방을 물어서 노인의 뒤를 쫓아 가서 자기의 觀相(관상)은 어떤가를 물었다.

노인이 "조금 전에 부인과 아이들의 관상을 보았는데 모두 당신의 상을 닮았습니다. 당신은 말로 표현할 수 없을 정도로 귀하신 상입니다."라고 하였다. 이에 유방이 감사하며, "정말 어르신의 말씀대로라면 그 恩德(은덕)을 잊지 않겠습니다."라고 말하였다. 그 후 유방이 천자가 되어 그 노인을 찾았으나 그 노인의 행방을 알 길이 없었다.

7. 유방, 항상 죽피관을 쓰고 다니다.

유방이 정장으로 있으면서 求盜(구도, 정장 밑에서 도둑을 잡는 관리)를
薛縣(설현, 지금의 산동성 등현)으로 보내어 竹皮冠(죽피관, 대나무 껍질로 만
든 관)을 만들어 오도록 하였다. 그래서 유방이 항상 죽피관을 쓰고
다녔는데, 천자가 되어서도 그 모자를 썼다. 훗날 사람들이 '유씨
의 갓(劉氏冠(유씨관))'이라고 말하였는데, 바로 이 죽피관을 두고 한
말이다.

8. 白帝(백제)의 아들 秦(진)이,
赤帝(적제)의 아들 漢(한)에게 죽임을 당하다.

유방이 정장의 직무로 縣(현)의 役徒(역도. 일정기간 노역에 종사하게 하는 형벌을 받은 자로 진 시황의 능묘를 짓기 위해 징발된 인부)들을 驪山(여산, 지금의 섬서성 임동시 동남)으로 호송했다. 가는 도중에 도망친 자가 많았다. 유방이 생각해보니 도착할 때가 되면 다 도망쳐서 한 사람도 남지 않을 것 같았다. 그래서 유방은 풍읍 서쪽 澤中亭(택중정)에 이르러 가던 길을 멈추고 쉬면서 술을 마셨다.

밤이 되자 인솔해 가던 역도들을 풀어주며, "그대들은 모두 도망치시오. 나도 이제 도망칠 것이오."라고 하니, 역도들 중에 고조를 따르고자 하는 사람이 10여 명이 되었다. 유방이 술을 더 마신 후, 한밤중에 늪지의 좁은 길을 지나면서 한 사람을 시켜서 앞길을 살펴보게 하였다.

앞에 가던 이가 돌아와서 보고하기를, "앞에 큰 뱀이 길을 막고 있으니 되돌아가십시오."라고 하였다. 그러자 술에 취한 유방이, "壯士(장사)가 가는 길에 무엇이 두렵겠느냐?"라며 앞으로 가더니 검을 뽑아 뱀을 쳐서 죽였다. 길을 내 다시 몇 리 길을 걸은 유방이 술에 취해서 더 이상 걷지 못하고 길에 쓰러져 잠이 들었다.

뒤쳐져서 오던 사람이 뱀이 죽은 곳에 이르렀을 때, 한 노파가 한밤중에 慟哭(통곡)을 하고 있는 것을 보고 왜 통곡하느냐고 물었다. "어떤 사람이 내 아들을 죽였기에 이렇게 통곡하는 것이오."라고 노파가 대답했다.

"당신 아들은 무엇 때문에 살해되었나요?"라고 묻자, 노파가 "내 아들은 白帝(백제)의 아들입니다. 뱀으로 변신하여 길을 막고 있었는데, 지금 赤帝(적제)의 아들에게 참살당했으니, 그래서 통곡하는 것입니다."라고 하였다. 그는 노파가 거짓말을 하고 있다고 생각하여 혼내주려 하자 노파가 홀연히 사라져 버렸다(漢이 秦을 멸망시킬 것을 말한 것이다. 진나라가 金德(금덕)을 지닌 백제를 祭祀(제사)지냈으므로 백제의 아들이라고 한 것이며, 이에 반해서 한나라는 火德(화덕)을 지닌 堯帝(요제)의 자손이라고 하였으니 五行說(오행설)에 따르면 火(화)는 金(금)을 이길 수 있다.)(火克金, 화극금).

뒤처져 오던 사람이 유방이 누웠던 곳에 도착하니, 유방이 술에서 깨어 있었다. 그가 유방에게 방금 있었던 일을 이야기 하자, 유방이 내심 기뻐하며 스스로 자랑스럽게 여겼다. 이때부터 따르는 사람들이 유방을 더더욱 敬畏(경외)하게 되었다.

9. 秦始皇(진시황), 동남쪽에 천자의 運氣(운기)가 있다고 이를 制壓(제압)하려고 하다.

진시황이, "동남쪽에 천자의 운기가 감돌고 있다."고 늘상 입버릇처럼 말했다. 그러면서 동방을 巡狩(순수)한다는 구실로 천자의 기운을 제압하려고 하였다. 유방은 이 일과 자신이 무관하지 않다고 여기고 피신을 하여 芒山(망산. 지금의 하남성 영성시 북쪽으로 안휘성과 접경)과 碭山(탕산, 지금의 하남성 상구시 하읍현) 사이의 깊은 산과 호수 속에 꼭꼭 숨어 지냈다.

여치가 사람들과 함께 남편을 찾아가면, 그럴 때마다 어김없이 남편이 있는 곳을 금방 찾아냈다. 이를 이상하게 여긴 유방이 어떻게 찾았느냐고 묻자, 여후가 대답하기를, "당신이 숨은 곳 위에는 언제나 運氣(운기)가 감돌고 있어서 그 구름만 따라가면 당신이 있는 곳을 찾아낼 수 있지요."라고 했다. 유방은 매우 기뻐하였다. 패현의 젊은이들이 이 소문을 듣고 더욱 많은 자들이 그를 따르게 되었다.

「高祖本紀(고조본기)」에 神話的(신화적)인 이야기가 많이 揷入(삽입)되어 있으니, 이는 한고조 유방을 미화하기 위함이다. 사마천이 『태사공 자서』 즉 『사기』를 펴낼 당시 한나라 조정을 크게 의식한 것이 아니냐 하는 지적이 나오는 이유이지만, 이를 이해하여야 하리라고 본다.

10. 沛縣(패현)의 縣令(현령)이,
유방을 불러오도록 하더니,

秦(진) 나라 二世 皇帝(이세 황제) 元年(원년) (B.C. 209년 진은 10월이 歲首(세수)임) 가을 7월, 陳勝(진승) 등이 蘄縣(기현, 지금의 안휘성 숙현 동남쪽)에서 봉기를 하더니, 陳縣(진현, 지금의 하남성 회양현)에 이르러 왕위에 오르고 國號(국호)를 '長楚(장초, 초나라를 크게 넓힌다고)라고 하였다. 여러 郡縣(군현)에서 그 지방장관을 죽이고 진승에게 호응하였다.(「진섭세가」에 자세함).

패현 현령이 두려운 마음에 패현 백성들을 동원해서 진승에게 호응하고자 하였다. 그러나 主吏(주리)인 蕭何(소하)와 獄吏(옥리) 曹參(조참)은 현령에게 이렇게 말하였다.

"진나라의 관리이신 나리께서 지금 현의 젊은이들을 거느리고 진나라를 배반하려 하시는데, 젊은이들이 나리의 뜻에 복종하지 않을까 걱정됩니다. 원컨대 차라리 나리께서는 예전에 다른 곳으로 도망친 패현 사람들을 모두 부르십시오(진나라의 가혹한 정치와 과중한 부역 때문에 고향을 떠나서 다른 지방으로 도망친 자가 많았다). 그러면 수백 명을 모을 수 있을 것이니, 그들을 이용하여 현의 젊은이들을 위협하면 모두들 복종하지 않을 수 없을 것입니다." 라고 하니,

현령이 樊噲(번쾌, 유방의 동향인, 유방의 손아래 동서, 여후의 제부)를 시켜서 유방을 불러오도록 하였다. 그때 유방은 부역꾼들을 풀어준 뒤

망탕산으로 숨어들어 있었는데, 이미 100명 가까운 무리를 거느리고 있었다.

번쾌가 유방을 데려왔으나, 현령이 이를 후회하며 그들이 謀叛(모반)할까 두려워하였다. 그래서 성문을 걸어 잠그고 성을 수비하면서 소하와 조참을 죽이려고 하였다. 이에 겁이 난 소화와 조참은 성벽을 넘어서 유방에게 투항하였다.

11. 유방이, 緋緞(비단)에 글을 써서 성 안의 父老(부로)들에게 활로 쏘아 보내니,

"천하 백성들이 秦(진)의 虐政(학정)으로 고생한 지 오래되었습니다. 지금 패현의 부로들께서 패현 현령을 위해 성을 지키고 있지만. 제후들이 각처에서 起義(기의)하여 패현을 屠戮(도륙)하고자 합니다. 패현에서는 모두 함께 패현 현령을 죽이고 바른 사람을 세워 제후에게 호응한다면 종족과 집을 지킬 수 있습니다. 그렇지 않다면 父子(부자)가 함께 죽게 될 것이니 아무 소용이 없습니다."

그러자 패현의 부로들이 젊은이들을 거느리고 가서 현령을 죽이고 성문을 열고 유방을 맞이하여 패현 현령으로 삼으려고 하였으나, 유방이 누차 사양하면서 말하기를, "천하가 바야흐로 소란스럽고 제후들이 들고 일어나는 지금, 못난 장수를 두면, 한 번 패배에도 다시는 수습할 수 없습니다(一敗塗地(일패도지)). 제가 목숨이 아까워서가 아니라 능력이 부족하여 아버지와 형님, 아들과 동생을 온전히 지키지 못할까 걱정하는 것입니다. 이런 큰일은 신중하게 뽑아야 할 것입니다."

소하와 조참 등 모든 문관들은 목숨을 아꼈다. 일이 성사되지 않으면 나중에 진에 의해 집안이 멸족당하지 않을까 두려워서 어느 누구도 감히 우두머리가 되고자 하는 이가 없었다.

부로들이, "그동안 劉邦(유방)에게 기이한 일이 여러 번 있었으니 응당 높이 되어야 하며 또 우리가 점을 쳐 보아도 유방만큼 좋은 사람도 없습니다."라고 하여, 결국 劉邦(유방), 즉 劉季(유계)를 沛公(패공, 초나라에서는 현령을 公(공)이라고 하였으므로 沛邑(패읍) 출신의 公(공)이라고) 으로 추대해 패현의 군정과 대사를 주관하게 했다.

12. 유방, 패현의 현령 沛公(패공)이 되어 관청에서
黃帝(황제)와 치우에게 제사를 지내다.

유방이 패현의 관청에서 黃帝(황제)와 蚩尤(치우. 전설상에 등장하는 제
후로 황제는 전술에 뛰어나고 치우는 각종 병기를 개발했으므로, 그들의 가호를 비는
뜻으로 제사 지내는 것임)에게 제사 지내고, 짐승을 잡아서 그 피를 북
에 바르는 儀式(의식)을 행했다. 그리고 군대의 깃발을 모두 붉은
색으로 하였다(백제의 아들을 죽인 적제의 아들이 패공이라서).

이후 한나라가 적색을 숭상하게 되었다. 그리고 蕭何(소하), 曹參
(조참), 樊噲(번쾌) 등과 같은 젊고 걸출한 縣吏(현리)들이 패현의 젊은
이들을 2,000 - 3,000명 단위로 모아서 胡陵(호릉. 지금의 산동성 어대
현 동남쪽)과 方與(방여. 지금의 산동성 어대현 서남쪽)를 공략한 후, 다시 돌
아와서 豐邑(풍읍)을 지켰다(진 이세 2년, B.C. 208년 10월).

13. 진에게 멸망한 제후국 後裔(후예)들이 모두 독립하고, 항량과 항우도 오현에서 봉기하니,

진 이세 胡亥(호해) 2년(B.C. 208년), 陳勝(진승)의 副將(부장)인 周章(주장)이 거느린 군사가 서쪽으로 戱水(희수, 위수의 지류로, 지금의 섬서성 임동현 동쪽에 위치)에까지 진격했다가 패배하고 돌아왔다.

이 무렵 진나라에 의해 멸망한 전국시대의 강국인, 燕(연), 趙(조), 齊(제), 魏(위) 등 제후국 후예들이 다시 나라를 세워 모두 자립하여 왕위에 올랐다. 항량과 항우(숙질간 임)는 吳縣(오현, 지금의 강소성 소주시에 망명하여 거주하고 있었음)에서 봉기하였다.

진나라 泗川郡監(사천군감, 군의 감찰관) 平(평)이 군사를 거느리고 豐邑(풍읍, 지금의 강소성 서주시 풍현)을 포위했는데, 이틀 후에 패공이 출전하여 진의 군사를 크게 무찔렀다. 패공이 雍齒(옹치, 유방의 동향인)에게 풍읍을 수비하도록 하고 자신은 군사를 거느리고 薛縣(설현, 지금의 산동성 등현)으로 진격했다. 사천군수 壯(장)은 설현에서 패하여 戚縣(척현, 지금의 산동성 등현 남쪽)으로 도주했으나, 패공의 左司馬(좌사마, 군무를 담당하는 관직) 曹無傷(조무상)이 사천군수 장을 붙잡아서 죽였다.

패공 유방은 亢父(항보, 지금의 산동성 제령시 남쪽)로 회군하여 方與(방여)에 이르기까지 한 번의 교전도 없었다.

이때 陳王(진왕, 진승을 가리킴)은 위나라 사람 周市(주불)로 하여금 풍읍을 공략하게 하였다. 주불이 옹치에게 사람을 보내어 懷柔(회유)하였다. 옹치는 평소 패공에게 귀속되는 것을 달갑게 여기지 않았던 터라, 위나라의 회유를 받자 패공을 배반하고 위나라를 위해 풍읍을 수비하였다. 그러자 패공이 군사를 거느리고 풍읍을 공격했으나 함락시키지 못하고 오히려 병이 들어서 패현으로 퇴각하였다.

옹치와 풍읍 젊은이들의 배반에 매우 화가 난 패공이 東陽縣(동양현, 지금의 강소성 금호현 서남쪽)의 寧君(영군)과 秦嘉(진가, 진승에 호응하여 궐기함)가 景駒(경구)를 假王(가왕, 초나라 왕족의 후예로 진승이 죽자 경구를 임시로 왕에 추대함)으로 삼아서 留縣(유현, 패현 동남쪽)에 머무르고 있다는 말을 듣고 경구를 추종하며, 병사를 빌려서 풍읍을 공략하고자 하였다.

이때 진나라 장수 章邯(장함 또는 장한으로 읽음)은 진승의 패잔군을 추격하였으며, 그의 별장 司馬尼(사마니)는 병사를 이끌고 북진하여 楚(초) 땅을 평정하고 相縣(상현, 지금의 안휘성 수계현 서북쪽)을 함락시킨 후, 碭縣(탕현, 지금의 하남성 하읍현 동남쪽)으로 돌아갔다.

동양 사람 寧君(영군)과 패공은 병사를 거느리고 서쪽으로 진격하여 蕭縣(소현, 지금의 안휘성 소현) 서쪽에서 사마니와 교전했으나 승리하지 못하였다. 그러자 留縣(유현)으로 퇴각한 그들의 병사들을 모아서 다시 탕현을 공략하여 3일 만에 이곳을 함락시킨 후에 풍읍으로 군사를 회군하였다.

14. 패공 유방, 항량에게 합류하다.

　그리고 項梁(항량)이 薛縣(설현)에 있다는 소식을 들은 패공이 100여 명의 기병을 대동하여 그를 만나러 가니, 항량은 병사 5,000명과 五大夫(오대부, 제9등급) 작위를 가진 장수 10명을 증원해 주었다. 패공이 돌아와서 병사를 이끌고 풍읍을 공격하였다. 패공이 항량을 따른 지, 한 달 남짓한 사이에, 항량은 항우에게 襄城(양성, 지금의 하남성 양성현)을 공격하게 했는데, 양성의 수비가 굳건하여 쉽게 함락되지 않았다. 그러나 결국 성을 함락시키고 나서, 모두 산 채로 땅에 묻어버리고 돌아와서 항량에게 보고하였다. 이어서 항량이 각지의 別將(별장)들을 모두 薛縣(설현)으로 소집하였다.

15. 항량, 懷王(회왕)의 손자 心(심)을 楚王(초왕)으로 옹립하다.

진승이 정말로 죽었다는 말을 들은(그의 마부에게 살해됨) 항량은 초나라의 후손인 회왕(진나라에 가서 억류되었다가 죽은)의 손자 心(심: 熊心(웅심), 항량이 봉기하자 초나라 사람들이 민간에서 옛 초 회왕의 손자인 웅심을 찾아냄)을 초왕으로 옹립하여 盱眙(우이, 지금의 강소성 우이현 동북쪽)에 도읍하도록 했다. 그리고 항량을 武信君(무신군)이라고 불렀다.

이어서 패공과 항우로 하여금 城陽(성양, 지금의 산동성 견성현 동남쪽)을 공략하게 하여 함락시켰다. 그리고 僕陽(복양, 지금의 하남성 복양현) 동쪽에 진을 친 패공과 항우는 진군과 접전하여 크게 무찔렀다.

그 후 진군이 다시 병력을 재정비하여 복양을 굳게 수비하고 물을 끌어 들여서 垓子(해자)를 만드니, 초군은 이곳에서 철수하여 定陶(정도, 지금의 산동성 정도현 서북쪽)를 다시 공략했으나 함락시키지 못하였다. 그리고 서쪽으로 우회하여 패공과 항우는 雍丘(옹구, 지금의 하남성 기현)에 이르러 진군과 접전하여 대패시키고 李由(이유, 이사의 아들로 당시 삼천군수로 있었음)를 참살한 후, 회군하여 外黃(외황, 지금의 하남성 민권현 서북쪽)을 또 공략하였지만 외황은 함락되지 않았다.

16. 항량, 驕慢(교만)해져 전사하다.

　연이어 진군을 격파한 항량은 교만해지기 시작하였다. 宋義(송의, 전국 시대 말년 초나라의 영윤을 지냄, 후에 항우에게 피살됨))가 諫(간)했으나 항량은 듣지 않았다. 진나라 조정에서는 章邯(장함)에게 구원군을 파병하였다. 이에 장함은 한밤중에 병사들에게 하무(銜枚(함매, 떠들지 못하도록 병사들에게 입에 물린 막대)를 물린 채 항량을 습격하여 정도에서 초군을 대파하고, 항량은 여기에서 전사하였다.

　이들은 항량이 전사했다는 소식을 듣자 병사를 거느리고 呂臣(여신, 진승의 부장이었다가 항량에게 귀순함) 장군과 함께 동쪽으로 진군하여, 여신의 군사는 팽성 동쪽, 항우의 군사는 팽성 서쪽, 패공의 군사는 碭縣(탕현)에 진을 쳤다.

17. 진나라 장수 장함,
황하를 건너서 북으로 조나라를 공격하다.

이미 항량의 군사를 무찌른 장함은 초군을 두려워할 것이 없다고 생각해 황하를 건너서 북으로 조나라를 공략하여 크게 무찔렀다. 당시 조나라 왕은 趙歇(조헐. 전국시기 조나라의 후예로 진여와 장이에 의해 조왕으로 옹립됨)이었다. 진나라 장수 王離(왕리. 진의 명장 왕전의 손자)가 그를 巨鹿城(거록성. 지금의 하남성 평향현 서남쪽)에서 포위하니, 이를 소위 하북군(河北之軍(하북지군)이라고 했다.

패공 유방,
函谷關(함곡관)에 진입하여
關中(관중)을 평정하고
咸陽(함양)에 입성하다.

18. 초 회왕, 宋義(송의)를 상장군으로 하여 조나라를 구원하도록 하고, 관중을 맨 먼저 평정한 자를 關中王(관중왕)으로 삼겠다고 약속하다.

二世(진 이세) 3년(B.C. 207년), 항량의 군사가 패한 것을 보고 겁이 난 초 회왕은 우이에서 팽성으로 천도하고, 여신과 항우의 군사를 병합하여 스스로 통솔하였다. 그리고 패공을 탕군의 郡長(군장)으로 삼고 武安侯(무안후)에 봉하여 탕군의 군사를 통솔하게 하였다. 항우를 長安侯(장안후)에 봉하고 魯公(노공, 지금의 산동성 곡부시)으로 칭했으며, 呂臣(여신)은 司徒(사도)에, 그의 부친 呂靑(여청)은 令尹(영윤)에 임명하였다.

조나라에서 누차 구원을 요청하니, 회왕은 宋義(송의)를 상장군으로 삼고 항우를 副將(부장)으로, 范增(범증)을 末將(말장)으로 삼아서 북진하여 조나라를 구원하게 하였다. 또 패공에게는 서쪽을 공략하여 函谷關(함곡관, 진의 중요한 관문, 하남성 영보현 북쪽)에 진입하도록 하였다.

초 회왕은 제일 먼저 함곡관에 진입하여 關中(관중)(함곡관 이서, 산관 이동, 소관 이남, 무관 이북을 관중이라고 하는데, 통상 진나라 지역을 가리킴)을 평정하는 자를 關中王(관중왕)으로 삼겠다고 여러 장수들과 약속하였다.

19. 회왕, 여러 원로 장수들과 의논하여 패공에게 서쪽으로 함곡관을 공략하도록 하다.

이 무렵 진나라 군대가 강력하여 늘 승리의 여세를 몰아서 추격해 왔기 때문에, 초나라의 여러 장수들 중에서 먼저 함곡관에 진입하는 것을 이롭게 여기는 자가 없었다. 오로지 항우만이 진나라 군대가 항량의 군대를 격파한 것을 원통해 하여 패공과 함께 서쪽 함곡관으로 진격하기를 원했다.

그러나 회왕이 여러 원로 장수들과 논의 하여, "항우는 사람됨이 성급하고 사나우며 狡猾(교활)하여 남을 잘 해칩니다. 항우가 일찍이 襄城(양성)을 공략했는데, 양성에서 살아남은 이가 한 사람도 없었던 것은 모두 다 생매장을 했기 때문입니다. 그가 지나가는 곳은 어디나 모두 무참히 섬멸당하곤 합니다.

진나라의 父兄(부형)들은 이미 오랫동안 그들의 군주로부터 고통을 받아왔으니, 德望(덕망) 있고 寬大(관대)한 자를 보내 仁義(인의)를 베풀며 서쪽으로 진격하게 하여 진나라의 부형들을 이해시키는 것이 좋다고 하였다."

그래서 성급하고 사나운 항우를 보내서는 안되며, 평소에 관대하고 덕망 있는 패공만을 보내자고 하였다.

마침내 회왕은 항우가 가는 것을 허락하지 않고 패공만을 보내 서쪽을 공략하게 하였다.

20. 패공이, 군사를 이끌고 서쪽으로 진격하니,

패공은 진승과 항량의 흩어진 병사들을 모으며 탕현을 지나서 成陽(성양, 지금의 산동성 견성현 동남쪽)에 이르러 杠里(강리, 성양의 서쪽)의 진나라군과 대치하였다. 진나라의 두 부대를 격파한 후 다시 출병한 초군은 王離(왕리)를 공격하여 크게 무찔렀다(진 이세 3년 B.C. 207년 12월).

패공이 병사를 이끌고 서쪽으로 진격하여 昌邑(창읍, 지금의 산동성 거야현 동남)에서 彭越(팽월, 진승 봉기 후에 유방에게 귀의함, 「팽월열전」에 자세함)과 만나서 그와 함께 진군을 공략하였다. 전세가 불리하자 栗縣(율현, 지금의 하남성 하읍현)으로 철수하여 岡武侯(강무후, 성명은 미상으로 초 회왕의 장수 또는 위나라 장수라고 설이 분분함)를 만나서 그의 군사 약 4,000여 명을 빼앗아서 합류시키고 위나라의 장수 皇欣(황흔), 司徒(사도), 武蒲(무포)의 군사와 창읍을 합공했으나 창읍은 함락되지 않았다. 그러자 패공은 서쪽으로 진격하면서 高陽(고양, 지금의 하남성 기현 서남쪽)을 경유하였다.

21. 고양 사람 酈食其(역이기)가
패공에게 遊說(유세)를 하다.

고양 사람 역이기가 監門(감문, 성문을 지키는 관졸)에게, "내가 패공을 보니 과연 도량이 크고 관대한 분"이라고 하며, 패공을 만나서 유세하기를 요청하였다. 그때 패공은 마침 침상에 걸터앉아 두 여자에게 발을 씻게 하고 있었다. 酈生(역생, 역이기를 말함)은 절을 올리지 않고 長揖(장읍, 두 손을 잡아 높이 들고 허리를 굽히는 예)하며 말하기를,

"足下(족하)께서 반드시 포악무도한 진나라를 토벌하시고자 한다면, 걸터앉은 채로 長者(장자)를 접견하셔서는 안 됩니다."라고 하자, 패공이 일어나서 옷을 여미며 사죄하고 상좌에 앉게 하였다.

역이기가 패공에게 陳留(진류, 지금의 하남성 개봉시 동남쪽)를 습격하도록 권하여, 진나라의 비축양식을 얻게 되자, 패공은 역이기를 廣野君(광야군)으로 삼고 酈商(역상, 역이기의 아우)을 장수로 삼아서 진류의 군사를 거느리고 함께 開封(개봉, 지금의 하남성 개봉시)을 공략하였다. 그러나 개봉이 함락되지 않자, 패공은 서쪽으로 진격하여 白馬(백마, 지금의 하남성 활현)에서 진나라 장수 楊熊(양웅)과 교전하고 또 曲遇(곡우, 지금의 하남성 중모현) 동쪽에서 접전하여 크게 무찔렀다. 양웅이 滎陽(형양, 지금의 하남성 형양현)으로 도망치니 秦 二世(진 이세)가 使者(사자)를 보내어 그를 斬首(참수)함으로써 여러 사람들에게 본보기로 삼게 했다.

22. 패공 유방, 門客(문객) 陳恢(진회)의 설득으로 남양군 태수 呂齮(여의)를 殷侯(은후)로 삼으니,

패공은 남쪽으로 潁陽(영양, 지금의 하남성 허창시 서남쪽)을 공략하여 함락시켰으며, 張良(장량)의 도움으로 韓(한) 나라의 轘轅(환원, 지금의 언사현 동남쪽에 위치한 산으로 험준한 요새)을 공략하였다. 이때 趙(조)의 別將(별장) 司馬卬(사마앙)이 마침 황하를 건너서 함곡관에 진입하려고 하였다. 이에 패공은 북쪽으로 平陰(평음, 지금의 하남성 맹진현 동북쪽)을 공략하고, 황하 나루를 가로질러서 남하하여 雒陽(낙양, 지금의 하남성 낙양시 동북쪽) 동쪽에서 진군과 교전하였다. 전세가 불리하자 陽城(양성, 지금의 하남성 등봉현 동남쪽)으로 퇴각한 패공은 군중의 騎兵(기병)을 소집하여 犨縣(주현, 지금의 하남성 노산현 동남쪽) 동쪽에서 南陽郡(남양군) 태수 呂齮(여의)와 접전해서 무찌르고 남양을 점령했다. 남양 태수 여의는 도망쳐서 宛城(완성, 남양군 치소 소재지)을 굳게 지켰다.

패공이 병사를 이끌고 완성을 지나쳐 서진하니, 장량이 위험한 일이라고 諫言(간언)을 하여, 패공은 밤에 군사를 거느리고 다른 길로 돌아와서 깃발을 바꾸고 동이 틀 무렵 완성을 세 겹으로 포위하였다. 남양 태수가 자결 하려고 하자, 그의 門客(문객)인 陳恢(진회)가 "죽기에는 아직 이릅니다."라고 말하더니, 성을 넘어가서 패공을 만났다.

"족하께 계책을 올리나니, 투항을 약조하시어 완성의 태수를 侯

(후)에 봉하시고 그로 하여금 이곳에 머물러 지키게 하십시오, 그리고 족하께서는 그의 병사들을 거느리고 함께 서쪽으로 진격하시면, 아직 항복하지 않은 모든 성읍에서 이 소식을 듣고 다투어 성문을 열고 기다릴 것이니, 족하께서는 통행에 막힘이 없을 것입니다."라고 하니, 패공이 "좋다."라고 하며 완성의 태수를 殷侯(은후)로 삼고 진회를 千戶侯(천호후))에 봉하였다. 그런 후에 병사를 이끌고 서진하니 항복하지 않는 자가 없었다.

丹水(단수, 지금의 하남성 절천현)에 이르니 高武侯(고무후) 鰓(새, 성씨 미상)와 襄侯(양후) 王陵(왕릉)이 西陵(서릉, 지금의 호북성 의창시 서쪽)에서 투항하였다. 패공은 다시 돌아와 胡陽(호양, 지금의 하남성 당하현 서남쪽)을 공략하고 番君(파군, 현령 오예를 말함)의 별장 梅鋗(매현)을 만나서 그와 함께 析縣(석현, 지금의 하남성 서협현)과 酈縣(여현, 지금의 하남성 남양시 서북쪽)을 함락시켰다.

23. 패공 유방,
진의 조고에게 밀사를 파견하였으나,

　패공 유방이 장량 등과 의논한 끝에 魏(위)나라 사람 寧昌(영창)
을 진나라에 밀사로 파견하였는데, 조고로 하여금 진나라를 배반
하고 투항하도록 설득하기 위해서였다. 투항의 조건은 조고가 2
세를 죽이고 무관을 열어 유방 군대가 관문으로 들어간 뒤 진나라
를 무너뜨리는 데 협조하면, 진나라의 영토를 둘로 나누어 조고와
유방이 각각 왕이 되어 다스린다는 것이었다. 그러나 영창은 아직
돌아오지 않았다. (『진시황 본기』를 참고함).

　이 무렵 진의 장함은 이미 조 나라에서 군사를 거느리고 항우에
게 투항하였다. 항우가 상장군 송의를 죽이고 그를 대신해서 上將
軍(상장군)이 되자, 鯨布(경포, 원래 이름이 영포임, 이마에 먹으로 글자를 새기
는 형벌을 받았음)를 비롯한 여러 장수들이 모두 항우에게 귀의하였다
(『항우본기』에 자세함). 그리고 나서 항우가 진나라 장수 왕리의 군사를
무찌르고 장함의 항복을 받으니 제후들이 모두 항우에게로 귀순
하였다.

24. 조고가 진 2세를 시해하고, 패공에게
관중을 분할하여 왕이 되자고 제의 하였으나,

趙高(조고, 진나라 환관으로 증거부령)가 이미 진 이세를 弒害(시해)하고 사신을 보내서 관중을 분할하여 각자 왕이 될 것을 협약하려고 하자, 이를 거짓이라고 생각한 패공은 장량의 계책을 써서 역생, 즉 역이기와 陸賈(육고)로 하여금 진나라 장수들을 설득하는 한편 賂物(뇌물)로 유혹하였다. 이렇게 해서 패공은 武關(무관, 지금의 섬서성 단봉현 동남쪽)을 습격하여 함락시키고, 또 진나라 군사와 藍田(남전, 지금의 섬서성 남전현) 남쪽에서 교전하게 되었다.

패공은 疑兵(의병, 거짓으로 꾸민 가짜 병사)의 깃발을 증설하고 통과하는 마을에서 掠奪(약탈)하지 못하도록 하니, 진나라 백성들은 기뻐하였으며, 解弛(해이) 해진 진나라 군사들을 크게 무찌를 수 있었다. 또 남전 북쪽에서 접전하여 역시 대파하고 승세를 몰아 마침내 진군을 殲滅(섬멸)하였다.

25. 패공 유방, 진왕 자영의 항복을 받고, 패상으로 회군하다.

漢^(한) 元年^(원년)(B.C. 206년 이 해에 유방이 한왕에 봉해짐) 10월, 패공의 군대가 드디어 諸侯^(제후)들보다 앞서 霸上^{(패상, 함양 장안 부근의 군사 요} _{충지로서, 지금의 서안시 동쪽)}에 이르렀다.

秦王^(진왕) 子嬰^(자영)은 흰 수레 흰 말을 타고 목에는 줄을 매고 서^(항복하는 자가 속죄의 뜻을 표시하는 의식), 황제의 玉璽^(옥새)와 符節^(부절)을 봉한 채로 軹道亭^(지도정, 지금의 섬서성 서안시 동북쪽) 옆에서 항복하였다.

여러 장수 중에 어떤 이가 진왕을 죽이자고 하니 패공은 "당초 회왕이 나를 보낸 것은 원래 내가 관용을 베풀 수 있을 것이라고 생각해서인데, 하물며 이미 항복해온 사람을 죽이는 것은 상서롭지 못한 일이오."라고 하며 진왕을 관리에게 맡겼다.

패공이 드디어 서쪽으로 咸陽^(함양)에 들어가서 궁전에 머물며 休息^(휴식)하려고 하자, 번쾌와 장량이 간언하므로, 패공은 진나라의 귀중한 寶貨^(보화)와 財物^(재물) 창고를 봉쇄시킨 후 패상으로 回軍^(회군)하였다.

26. 패공, 진의 부로들에게
約法三章(약법삼장)을 약속하다.

패공이 여러 縣(현)의 父老(부로)와 才德(재덕) 있는 사람들을 불러서 이렇게 말하였다. "부로들이 진나라의 가혹한 법령에 시달린 지 오래되었소. 그간 조정을 비난하는 자들은 멸족의 화를 당했고, 모여서 의론한 자들은 저잣거리에서 처형을 당했소. 나는 제후들과 제일 먼저 관중에 진입하는 자가 왕이 되기로 약조했으니, 내가 마땅히 관중의 왕이 될 것입니다.

지금 부로들에게 세 가지 법령만을 約定(약정)하나니, 첫째, 사람을 죽인 자는 사형에 처하고(殺人者死(살인자사)), 둘째. 사람을 다치게 하는 자는 그에 준하는 형을 가한다(傷人者刑(상인자형)). 셋째, 남의 물건을 훔치는 자는 그 죄의 경중에 따라서 처벌할 것입니다(盜者抵罪(도자저죄)). 이 밖에는 진나라의 법령을 모두 폐지하여 모든 관리와 백성들이 예전처럼 안락한 생활을 누리게 할 것입니다.

내가 이곳에 온 것은 부로들을 위해서 害惡(해악)을 없애고자 해서이지 침략하여 暴惡(포악)한 짓을 하려는 것이 아니니 두려워하지 마시오. 또한 내가 패상으로 돌아와서 주둔한 까닭은 단지 제후들이 오기를 기다려서 협약을 하기 위한 것이오."

그리고는 사람을 파견해서 진나라 관리와 함께 모든 縣(현), 鄕(향), 邑(읍)을 다니며 이런 사실을 알리게 하였다. 그러자 진나라 백성들이 기뻐하며, 다투어 소, 양 고기와 술, 음식을 베풀려고 하였다. 그러나 패공이 사양하여 받아들이지 않으며, "창고에 양식이 많아 부족함이 없으니, 백성들에게 폐를 끼치지 않고자 합니다."라고 말하니, 백성들이 더욱 기뻐하며 혹시 패공이 관중의 왕이 되지 못할까만을 걱정하였다.

27. 어떤 사람이, 유방에게 함곡관을 지켜서 제후들이 들어오지 못하게 하라고 하니,

　어떤 사람이 패공에게 遊說(유세)하여 말하기를 "관중의 富(부)는 천하의 열 배가 되며 地形(지형)이 堅固(견고)합니다. 지금 듣기로는 장함이 항우에게 항복하자, 항우는 그를 雍王(옹왕, 옹은 관중의 옛 이름)으로 봉하여 관중의 왕이 되게 했다고 하는데, 지금 만약 온다면 패공께서는 아마 이곳을 차지하지 못하게 될 것입니다. 그러하오니 급히 병사들로 하여금 函谷關(함곡관)을 지키게 하여 제후의 군사를 들어오지 못하게 하십시오. 그리고 차차 관중의 병사를 徵集(징집)하고 병력을 증강하여 그들을 방어하소서."라고 하니, 패공은 그 計策(계책)에 찬동하여 그대로 따랐다.

28. 범증이 항우에게,
패공을 공격하도록 하니,

한 원년(B.C. 206년) 11월 중순에 항우가 마침내 제후의 병사들을 거느리고 西進(서진)하여 함곡관에 진입하려고 했으나 關門(관문)이 닫혀 있었다. 패공이 이미 관중을 평정했다는 소식을 듣고 크게 노한 항우는 경포 등으로 하여금 함곡관을 공략하게 하여, 12월 중순에 드디어 戱水(희수)에 이르렀다.

패공의 좌사마 조무상이 항우가 노하여 패공을 공격하려고 한다는 소식을 듣고서, 사람을 시켜서 항우에게 "패공이 관중의 왕이 되어 자영을 승상으로 삼고, 금은보화를 모두 차지하려고 한다."라는 말을 전하게 하였다. 조무상이 이렇게 하여 항우에게서 封爵(봉작)을 받고자 했던 것이다.

亞父(아부, 범증을 말함, 아버지 다음으로 존중하는 사람이라는 뜻)가 패공을 공격할 것을 항우에게 권하니, 항우는 병사들을 배불리 먹여서 다음날 아침 패공을 공격하려고 하였다. 이때 항우의 병사는 40만인데 100만이라고 불렸고, 패공의 병사는 10만인데 20만이라고 하였으니, 패공의 병력이 항우를 대적할 수가 없었다.

29. 항백이 장량을 살리고자
밤에 장량을 만나러 갔다.

그때 項伯(항백, 항우의 숙부로서 당시 군중에 좌윤으로 임명되어 있었음)이 張
良(장량)을 살리고자 하여 밤에 장량을 만나러 갔다가, 돌아와서
이를 계기로 항백이, "패공이 먼저 관중을 함락시키지 않았으면
그대가 어찌 감히 관중에 진입할 수 있었으리오? 지금 큰 공이 있
는 사람을 공격한다는 것은 의롭지 못한 일입니다."라고 항우를
이해시키니,

항우는 패공에 대한 공격을 그만두었다. 패공이 100여 명의 기
병만을 데리고 鴻門(홍문)으로 가서 항우를 만나 사죄하였다. 그러
자 항우는 "이것은 패공의 좌사마 조무상이 한 말입니다. 그렇지
않으면 제가 어찌 그랬겠습니까?"라고 말하였다. 패공은 번쾌와
장량의 도움으로 홍문에서 벗어나 무사히 돌아올 수 있었으며(鴻門
之宴(홍문지연)이란 유명한 일화이며, 「항우본기」에 자세함), 돌아온 즉시 조무상
을 죽였다.

30. 항우, 스스로 西楚霸王^(서초패왕)이 되다.

마침내 항우가 서진하여 함양의 秦^(진) 宮室^(궁실)을 불지르고 屠 戮^(도륙)하니, 그가 지나는 곳은 어디나 無慘^(무참)히 破壞^(파괴)되었 다. 진나라 백성들이 크게 실망하고 항우를 怨望^(원망)했으나 감히 복종하지 않을 수 없었다.

항우가 사람을 보내어 懷王^(회왕)에게 보고하자 회왕이 "約束^{(약} ^{속)}대로 하라."라고 하니, 항우는 당초 회왕이 자기를 패공과 함께 서쪽 함곡관으로 진입하게 하지 않고, 북쪽으로 조나라를 구원하 게 함으로써 제후들과의 약속에서 자신이 뒤에 처지게 되었음을 원망하였다.

그리고 "회왕은 우리 집안의 숙부 항량이 옹립한 사람이지, 공 로도 없는 그가 어찌 약정을 주관할 수 있겠는가? 본래 천하를 평 정한 것은 여러 장수와 나이거늘."이라고 하며, 회왕을 의제로 올 려 받드는 척만 했지, 실제로는 그의 명령을 따르지 않았다.

B.C. 206년^(한왕 원년. 초 의제 원년) 정월에 항우는 스스로 西楚霸王 ^(서초패왕. 항우가 도읍한 팽성이 서초였으므로 '서초패왕'이라고 함)이라고 하고, 梁 ^(양), 楚^(초)의 땅인 九郡^{(구군. 초나라와 양나라의 구역으로 아홉 개의 군을 말하는} ^{데 지금의 하남성 동부. 산동성 서남부와 강소성과 안휘성의 대부분 지역 및 절강성 북부} ^{지역에 해당))}의 왕이 되어 彭城^(팽성. 지금의 강소성 서주시)에 도읍하였다.

31. 항우, 당초 약속을 어기고 패공을
巴(파), 蜀(촉) 지역 漢王(한왕)으로 내쫓다.

이어서 항우는 범증과 은밀히 謀議(모의)하기를, 파, 촉은 길이 험하고, 진나라의 유배자들이 모두 촉에 살고 있다며, 파와 촉 역시 관중의 땅이라고 하고는, 당초의 약속을 어기고 패공을 한왕으로 바꾸어 봉하여, 파, 촉, 한중 지역(모두 당시 군 이름으로 지금의 사천성 대부분과 섬서성 진령이남 및 호북성 서북부 지역)의 왕으로서 南鄭(남정, 지금의 섬서성 한중시에 옛 성터가 있음)에 도읍하도록 하였다.

그리고 항우는 관중을 삼분하여 세 명의 진나라 장수를 세우니, 장함을 雍王(옹왕)으로 삼아서 廢丘(폐구, 지금의 섬서성 흥평현 동남쪽)에 도읍하게 하고, 司馬欣(사마흔)을 塞王(새왕)으로 삼아서 櫟陽(역양. 지금의 섬서성 임동현 동북쪽)에 도읍하게 하였으며 董翳(동예)를 翟王(적왕)으로 세워서 高奴(고노. 지금의 섬서성 연안시 동북쪽)에 도읍하게 하였다. 이래서 항우를 포함하여 모두 19개 諸侯國(제후국)을 봉하였다(항우가 서초패왕으로 천하의 패권을 행사한 것임).

32. 한왕 유방, 한신의 계책으로 南鄭(남정)에서
回軍(회군)하다(고사성어: 明修棧道 暗渡陳倉(명수잔도 암도진창)의 유래).

한 원년(B.C. 206년) 4월, 각 제후들이 항우의 대장군 旗幟(기치)아래에서 휘하의 병사들을 해산하여 각자 그들의 封國(봉국)으로 돌아갔다.

한왕 유방이 봉국으로 떠나니, 항우가 병졸 3만 명만을 귀속시켜 따르게 하였다(유방의 군사가 10만 명이었으나, 항우가 그를 견제하여 3만 명만 따르게 한 것임). 그러나 초나라와 다른 제후들이 한왕을 欽慕(흠모)하여 그를 따르고자 하는 자가 수만 명이 되었다.

그들은 杜縣(두현, 지금의 서안시 서남)에서 蝕中(식중, 자오곡 계곡에 있는 험준한 자오도라는 길)으로 진입하였는데, 棧道(잔도, 험한 벼랑에 구멍을 뚫고 선반처럼 달아낸 길)를 통과하고 나면 바로 불태워 다른 제후의 군대와 도적의 습격에 대비하는 한편 항우에게 동쪽으로 돌아갈 뜻이 없음을 표시하기 위함이었다.

그들이 남정에 도착하니 여러 장수들 및 사졸들 중에서 도중에 도망쳐서 돌아간 이가 많았으며, 사졸들은 모두 고향을 그리워 하는 노래를 부르며 동쪽으로 돌아가고 싶어하였다.

이러니 韓信(한신, 이에 대한 기록이 「회음후열전」에 자세함)이 겉으로는 잔도를 수리하는 척하면서 몰래 陳倉(진창)을 기습하는 계책(明修棧道, 暗渡陳倉(명수잔도 암도진창))으로 동진하시어 천하의 패권을 쟁취하라고, 한왕을 설득하여 이렇게 말하였다.

"항우는 공로가 있는 장수들을 왕으로 봉하였는데, 유독 大王
(대왕)만을 남정에 머물게 하였으니 이는 流配(유배)시킨 것과 다름
이 없습니다. 우리 군대의 軍吏(군리)와 士卒(사졸)들은 모두가 山東
(산동, 함곡관 이동의 동쪽의 광범한 지역) 사람이라 밤낮으로 발꿈치를 세
워서 고향으로 돌아가는 것을 바라고 있으니(跂而望歸(기이망귀)), 그들
이 동쪽으로 돌아가고 싶은 氣勢(기세)가 이렇듯 왕성할 때를 틈타
그들을 이용하신다면 큰 공적을 이룰 수가 있을 것입니다. 그러
나 천하가 평정되어 백성들이 모두 평안해지면 다시는 그들을 이
용할 수가 없으니, 차라리 계책을 세워 동진하시어 천하의 패권을
쟁취하십시오."

33. 서초패왕 항우, 의제를 죽이다.

한편 서초패왕 항우는 함곡관을 나오면서 사람을 시켜 義帝(의
제)에게 長沙(장사, 대략 지금의 호남성 자강 동쪽) 郴縣(침현, 지금의 호남성 침
현)으로 천도케 하고 의제가 빨리 떠나도록 재촉하였다. 이에 많은
신하가 점차 의제를 배반하니, 항우는 은밀히 형산왕과 임강왕에
게 습격하도록 명하여 장강 가운데에서 의제를 죽였다.

34. 전영과 진여가 반란을 일으키니,

항우가 田榮(전영, 제나라 왕족 후예로 제나라를 재건함. 항량이 제나라에게 구원을 요청했으나 전영이 응하지 않아 초나라가 대패하고 항량이 전사한 일이 있어서)에게 원한이 있었으므로, 제나라 장수 田都(전도)를 齊王(제왕)으로 세웠다. 그러자 전영이 분노하여 스스로 제왕이 되고 전도를 죽여서 楚(초, 항우를 가리킴)를 배반하였으며, 彭越(팽월)에게 將軍印(장군인)을 주어 梁(양) 땅에서 초에 반기를 들도록 하였다. 초나라가 蕭公(소공) 角(각, 지금의 안휘성 소현의 현령을 지냄)에게 팽월을 공격하도록 명령했으나, 오히려 팽월이 그를 크게 무찔렀다. 陳餘(진여)는 항우가 자기를 왕으로 봉하지 않은 것에 원한을 품고, 夏說(하열)로 하여금 전영을 설득하게 하여 援兵(원병)을 청해서 上山王(상산왕) 張耳(장이)를 공격하여 격파하였다. 장이는 도망쳐 한왕 유방에게 귀의하였다.

진여가 조왕 歇(헐)을 代(대) 땅에서 맞아들여 다시 조왕으로 세우니, 조왕은 진여를 代王(대왕)으로 삼았다. 이에 항우가 크게 분노하여 북쪽으로 제나라를 공격하였다.

35. 한왕 유방, 한신의 계책으로
故道(고도)를 통해서 회군하다.

8월, 한왕 유방이 한신의 계책에 따라 故道(고도, 지금의 섬서성 봉현 동북쪽)를 통해서 회군하여 옹왕 장함을 습격하였다. 이에 장함이 陳倉(진창)에서 漢軍(한군)을 맞아 공격했으나 패하여 廢丘(폐구)로 도망쳤다. 옹 땅을 평정한 한왕이 동쪽으로 함양에 이르러, 폐구에서 옹왕 장함을 포위했으며, 여러 장수를 보내어 隴西(농서), 北地(북지), 上郡(상군)(모두 서북부 지역에 있는 군의 이름)을 공략하여 점령하도록 하였다.

36. 한왕, 설구와 왕흡에게
태공과 여후를 모셔오도록 명하다.

그리고 한왕이 장군 薛歐(설구), 王吸(왕흡)에게 武關(무관)을 나가
南陽(남양)에 주둔하고 있는 王陵(왕릉) 군대의 힘을 빌려서 태공과
여후를 沛縣(패현)에서 모셔오도록 명령하였다.

37. 한왕 유방, 계속 동쪽으로 정벌에 나서 마침내 秦(진)의 社稷壇(사직단)을 漢(한)의 社稷壇(사직단)으로 바꾸어 세우다.

이 소식을 들은 초나라는 군대를 동원하여 陽夏(양하, 지금의 하남성 태강현))에서 이를 저지하여 전진하지 못하게 하는 한편, 예전의 吳縣(오현) 현령 鄭昌(정창)을 韓王(한왕)으로 삼아서 漢軍(한군)을 막도록 하였다.

한왕 2년(B.C. 205년), 한왕 유방이 동쪽으로 정벌에 나서 塞王(새왕) 司馬欣(사마흔), 翟王(적왕) 董翳(동예), 河南王(하남왕) 申陽(신양)이 모두 투항하였다. 韓王(한왕) 정창이 항복하지 않자, 한신으로 하여금 그를 무찌르게 하고, 여기에 농서, 북지, 상군과 渭南(위남), 河上(하상), 中地(중지) 등에 군을 설치했으며, 關外(관외)에는 河南郡(하남군, 지금의 하남성 신안현 이동에서 개봉시 이서에 이르는 지역)을 설치하였다.

그리고 다시 韓太尉(한태위) 信(신)을 韓王(한왕)으로 세우고, 각 제후의 장수들 중에서 1만 명의 병사나 혹은 郡(군) 하나를 바치고 투항하는 자를 萬戶侯(만호후)에 封(봉)하였다. 또 河上郡(하상군)의 요새를 수축하고, 예전 진나라의 苑囿園池(원유원지, 사냥과 유락을 즐겼던 장소)를 모두 백성들에게 주어 耕作(경작)하게 하였다.

정월에 옹왕 장함의 아우 章平(장평)을 사로 잡았고, 죄수들에게 大赦免令(대사면령)을 내렸다. 漢王(한왕) 유방이 無關(무관)을 나가서 陝縣(섬현, 지금의 하남성 삼문협시 서쪽)에 이르러 관외의 부로들을 위로

하고 돌아왔다. 張耳(장이)가 謁見(알현)하려 오니 한왕은 그를 후하

게 대접하였다.

2월, 秦(진)의 社稷壇(사직단, 고대 제왕이 토신과 곡신에게 제사를 지내던 제

단)을 없애고, 漢(한)의 사직단으로 바꾸어 세웠다.

反轉(반전)에 反轉(반전)을
거듭한 楚漢之爭(초한지쟁)

38. 한왕 劉邦(유방), 河內郡(하내군)을 설치하고 洛陽(낙양)에 이르다.

　한왕 유방 2년(B.C. 205년) 3월, 한왕이 臨晉關(임진관. 秦(진)과 晉 (진) 사이의 중요한 관문, 지금의 섬서성 대려현 동쪽 황하 서안)을 통하여 황하를 건너니, 魏王 豹(위왕 표, 형을 이어 위의 왕이 되었으나, 항우 가 제후왕으로 봉하면서 위표를 西魏王(서위왕)으로 옮겨가게 하자, 이에 불 만을 품고 위표가 초를 배반하고 한에 귀의함)가 병사를 거느리고 그를 수행했다.

　한왕이 河內(하내, 군이름. 지금의 하남성 황하 이북지역을 하내라 하고 황하 이 남을 하외라고 하였음)를 함락시켜서 殷王 司馬卬(은왕 사마앙)을 포로로 잡고 河內郡(하내군)을 설치했으며, 남으로 平陰津(평음진, 황하의 나루 로 지금의 하남성 맹진현 동북)을 건너서 洛陽(낙양)에 이르렀다.

39. 한왕 유방, 의제의 피살 소식에
큰소리로 통곡하다.

新城(신성, 향의 이름. 지금의 하남성 이천현 서남쪽)의 三老(삼로, 향의 교육과 민속을 담당하는 관직의 이름) 董公(동공)이 한왕을 가로막고 義帝(의제)의 피살 상황을 이야기하니, 한왕이 이 소식을 듣고 나서 왼쪽 소매를 벗고 큰소리로 통곡하였다(袒而大哭(단이대곡). 그리고는 의제를 위해서 發喪(발상)하여 3일 동안 臨哭(임곡, 장례 때에 여러 사람이 모여서 죽은 이를 애도하며 통곡하는 의식)하고,

사자를 보내 이 소식을 각 제후들에게 알리기를, "천하가 함께 의제를 천자로 옹립하고 北面(북면)하여 섬기었거늘, 지금 항우가 의제를 강남으로 쫓아내어 죽이니 大逆無道(대역무도)한 짓이로다. 과인이 친히 發喪(발상)하니 제후들은 모두 흰 상복을 입을 것이로다. 또 관중의 모든 兵馬(병마)를 일으키고 하남, 하동, 하내의 三郡(삼군) 병사들을 소집하여 양자강과 漢水(한수)를 따라서 남하하여, 제후왕들과 함께 의제를 시해한 초나라의 항우를 討伐(토벌)하고자 하노라."라고 말하였다.

40. 항왕 항우가 북쪽으로 제나라를 공략하니,

　이때 項王(항왕) 항우는 북쪽으로 齊(제)를 공략하니, 田榮(전영)은 그와 城陽(성양, 지금의 산동성 견성현 동남)에서 교전하였다. 전영이 패하여 平原(평원, 지금의 산동성 평원현)으로 도주했으나 평원의 백성들이 그를 죽였다. 제나라 각지에서 모두 초나라에 투항하였으나, 초나라 軍(군)이 제나라 城邑(성읍)을 모두 불살라버리고 그 자녀들을 포로로 잡아 가니 제나라 백성들이 초나라에 反撥(반발)하였다. 전영의 아우 田橫(전횡)이 전영의 아들 田廣(광)을 齊王(제왕)으로 옹립하였다. 제왕이 성양에서 초나라에 반란을 일으켰다.

41. 한왕 유방, 동쪽으로 진군하여 다섯 제후를 제압하고 팽성에 진입하였으나, 睡水(수수)에서 대패하다.

항우가 齊軍(제군)과 접전을 벌리고 있는 동안에, 한왕은 동쪽으로 진군해서 다섯 제후(상산왕 장이, 하남왕 신양, 한왕 정창, 위왕 위표, 은왕 사마앙)의 군사를 제압하고 마침내 彭城(팽성)에 진입하였다.

이 소식을 들은 항우는 즉시 군사를 이끌고 제를 떠나서 魯縣(노현, 지금의 산동성 곡부현)에서 胡陵(호릉)을 지나서 蕭縣(소현)에 도착하여 한군과 팽성 및 靈壁(영벽, 지금의 안휘성 회북시 서남쪽) 동쪽의 睡水(수수, 위 영벽을 지나, 강소성 수영 등으로 흐름)가에서 격전을 벌였다. 항우가 한군을 크게 무찔러 많은 병사를 죽이니 수수의 강물이 막혀서 흐르지 못할 정도였다.

42. 항우, 한왕의 부모와 처자를 人質(인질)로 하고, 제후들이 모두 항우에게 투항하다.

그리고 한왕의 부모와 처자를 沛縣(패현)에서 잡아와서 군중에 두고 人質(인질)로 삼았다. 이때 제후들은 한군이 초군에게 패한 것을 보고 모두 다시 초나라에 투항하였고(諸侯見楚彊漢敗, 還皆去漢復爲楚(제후견초강한패, 환계거한복위초), 塞王 司馬欣(새왕 사마흔)도 초나라로 도망쳤다.

43. 한왕, 흩어진 병사들을 거두어
탕현에 포진하다.

이때에 呂后(여후)의 오빠 周呂侯(주여후, 呂澤(여택), 주여는 봉호)는 한
나라를 위해서 병사를 거느리고 下邑(하읍, 지금의 안휘성 탕산현)에 머
물고 있었다. 한왕이 그에게로 가서 흩어진 병사들을 거두어서 탕
현에 포진하였다.

그리고 나서 한왕이 서쪽으로 梁(양, 지금의 하남성 동부일대) 땅을 지
나서 虞縣(우현, 지금의 하남성 우성현 북쪽)에 이르러 謁者(알자, 辭令(사령)을
전달하는 관직이름) 隨何(수하, 유방의 모사로서 호군중위였음)를 시켜서 九江王
(구강왕) 鯨布(경포)를 설득하자 과연 경포가 초나라를 배신했다. 이
에 초나라는 龍且(용저, 항우의 부장)를 보내어 그를 공격하게 하였다.

44. 한왕, 孝惠(효혜)를 太子(태자)로 세우다.

한왕이 彭城(팽성)에서 대패하여 서쪽으로 철수하는 도중, 사람을 보내어 가족을 찾았으나 가족들이 모두 도망쳐버려서 행방을 알 길이 없었다. 패주하는 중에 다만 孝惠(효혜)만을 찾아서 6월에 태자로 세우고 죄수들에게 大赦免令(대사면령)을 내렸다. 태자로 하여금 櫟陽宮(역양궁. 진나라 때의 역양 고궁으로 옹주 역양현 북쪽에 위치)을 지키게 하고, 관중에 있는 제후의 아들들을 모두 역양으로 모이게 하여 태자를 호위하게 하였다.

45. 한왕, 폐구성을 물에 잠기게 하여
군사들의 항복을 받으니, 장함이 자살하다.

그리고는 물을 끌어들여서 廢丘城(폐구성)을 잠기게 하니 폐구성의 군사들이 항복하고 章邯(장함)은 자살하였다. 이때부터 폐구의 이름을 바꾸어 槐里(괴리)라고 하였다. 祠官(사관, 제사를 관장하는 관리)에게 명을 내려서 천지, 사방, 上帝(상제), 산천에 제사 지내게 하고, 이후에는 때에 맞추어 제사를 지내도록 하였다.

이무렵 구강왕 경포는 용저와 교전했으나 승리하지 못하자 수하와 함께 샛길로 몰래 한나라로 돌아왔다. 한왕이 점차 사졸들을 모아서 여러 장수 및 관중의 병사들과 함께 대거 출동하니, 군대의 사기가 滎陽(형양) 지역에 진동하였고, 마침내 京縣(경현, 지금의 하남성 형양현 동남쪽)과 索城(색성, 지금의 형양현 경내에 위치) 사이에서 초군을 무찔렀다.

46. 위왕 위표가 한나라를 배반하니,

漢王 3년(BC 204년), 魏王 魏豹(위왕 위표)가 부모의 병을 보살핀다고 하면서 휴가를 청해서 귀국했는데, 그는 위나라에 도착하자 즉시 황하 포구를 끊고 한나라를 배반하여 초나라에 投降(투항)하였다. 한왕이 酈食其(역이기)를 보내서 위표를 설득했으나 위표는 듣지 않았다. 그러자 장군 韓信(한신)으로 하여금 공격하게 하여 크게 무찌르고 위표를 사로잡았다. 이로써 마침내 위나라 땅을 평정하고 세 군을 설치하여 河東郡(하동군), 太原郡(태원군), 上黨郡(상당군)이라고 하였다.

그리고 나서 한왕은 장이와 한신으로 하여금 井陘(정형. 지금의 하북성 정경현 서북쪽, 군사요충지)을 함락시키고 趙(조)나라를 공략하여 陳餘(진여)와 趙王 歇(조왕 헐)을 죽이게 하였다. 다음 해에 장이를 세워서 趙王(조왕)으로 삼았다.

47. 陳平(진평)의 계책으로 楚(초)나라의 君臣(군신)을 離間疾(이간질)시키다.

滎陽(형양, 지금의 하남성 형양시 동북) 남쪽에 주둔한 한왕은 황하로 통하는 甬道(용도, 적군의 공격을 막기 위해서 길 양쪽으로 벽을 쌓아 올린 길)를 수축하여 敖倉(오창, 진나라 때 오산에 만든 곡식 창고, 오산은 형양 북쪽에 위치하며 황하와 가깝다)의 양식을 차지하였다.

한왕은 이러한 상태로 항우와 1년 남짓 대치하였다. 項羽(항우)가 자주 漢(한)의 용도를 침탈하자 한나라군이 식량 부족으로 애를 먹었다. 항우가 마침내 한왕을 포위하였다. 한왕이 강화를 요청하여 형양 以西(이서) 지역을 한나라에 떼어 줄 것을 요청하였으나 항우가 이에 응하지 않았다.

이를 우려한 한왕이 陳平(진평, 유방의 천하통일을 보좌한 중요한 모신)의 계책을 쓰기로 하여, 진평에게 금 4만 근을 주니, 진평이 諜者(첩자)를 활용해 항우와 范增(범증) 사이를 이간질해서 멀어지게 하였다. 이에 항우가 亞父(아부) 범증을 의심하게 되었다. 당시 범증은 항우에게 형양을 즉각 함락시킬 것을 강력하게 권고했는데, 자기가 의심받고 있음을 알고서는 분노하여 늙었다는 것을 구실로 삼아서 관직에서 물러나서 고향으로 가다가 彭城에 이르기도 전에 毒瘡(독창)이 나서 죽었다.

48. 한왕, 장군 기신의 속임수로
형양성에서 도망치다.

한군은 식량이 떨어지자, 밤에 갑옷 입은 부녀 2,000여 명을 東門(동문)으로 나가게 하니 초군이 사면에서 공격하였다. 장군 紀信(기신)이 왕의 御駕(어가)를 타고 거짓으로 한왕인 척하여 초군을 속이니, 초군이 모두 만세를 부르며 구경하러 동문으로 갔다. 그러는 동안에 한왕은 수십 명의 기병과 함께 西門(서문)으로 나가서 도망칠 수가 있었다.

49. 나라를 배반한 적이 있는 왕과 함께
성을 지키기는 어렵다고 魏豹(위표)를 죽이다.

성을 빠져나오기 전에 한왕은 어사대부 周苛(주가), 魏豹(위표), 樅公(종공)으로 하여금 형양을 지키게 하니, 한왕을 수행할 수 없는 여러 장수와 사졸들은 모두 성에 머물러 있었다. 주가와 종공이 의논하여 말하기를 "위표와 같이 나라를 배반한 적이 있는 제후왕과 함께 성을 지키기가 어렵다(反國之王, 難與守城(반국지왕, 난여수성)"라고 하며 곧 위표를 죽였다.

50. 袁生(원생)이 한왕을 설득하다.

　형양성에서 황급히 도망쳐 온 한왕 유방은 關中(관중)으로 들어간 뒤 다시 병사를 모아서 東進(동진)하려 하였다. 그러자 袁生(원생)이 한왕을 설득하여 말하기를,

　"한군과 초군이 滎陽(형양)에서 대치한 지 몇 년이 되었는데, 우리 한나라가 언제나 곤궁에 처했습니다. 원컨대 군왕께서는 武關(무관. 지금의 섬서성 丹鳳縣(단봉현) 동쪽 40킬로미터)을 나가십시오. 그러면 항우는 반드시 병사를 이끌고 남하할 것이니, 군왕은 벽을 높이 쌓고 굳게 수비만 하시어 형양과 成皐(성고. 지금의 하남성 형양현 서쪽 사수진)의 군사들로 하여금 휴식을 취하게 하십시오. 그리고 한신 등을 보내어 河北(하북)의 趙(조)나라 지역을 鎭撫(진무)하고 燕(연), 齊(제)나라와 연합하게 하십시오.

　그런 후에 군왕께서 다시 형양으로 가셔도 늦지가 않습니다. 이렇게 하면 초군은 여러 쪽으로 방비해야 하니 병력이 분산되고, 우리 한군은 휴식을 취할 수가 있으므로 다시 그들과 싸운다면 틀림없이 초군을 무찌를 수가 있을 것입니다."라고 하니,

　한왕은 그의 계책에 따라 宛邑(완읍. 지금의 하남성 남양시), 葉邑(섭읍. 지금의 하남성 섭읍현) 사이에 출병하여 경포와 함께 병사를 모으며 행군하였다.

51. 이러자 항우가, 군사를 이끌고 남하하여 成皐(성고)를 포위하다.

　항우는 한왕이 宛(완) 땅에 있다는 소식을 듣자 과연 군사를 이끌고 남하하였다. 한왕은 수비만 견고히 하고 싸우지 않았다. 이때 彭越(팽월)이 睢水(수수)를 건너서 項聲(항성, 항우의 부장), 薛公(설공, 초나라의 영윤)과 下邳(하비, 지금의 강소성 비현 서남쪽)에서 접전하여 초군을 크게 무찔렀다. 이에 항우가 병사를 거느리고 동쪽으로 팽월을 공격하니, 한왕도 병사를 거느리고 북상하여 成皐(성고)에 주둔하였다. 항우가 팽월을 격파하여 패주시켰는데, 한왕이 다시 성고에 주둔하였다는 소식을 듣자 다시 병사를 거느리고 서진하여 榮陽(형양)을 함락시킨 후, 주가와 종공을 죽이고, 韓王 信(한왕 신, 회음후 한신이 아님)을 포로로 잡고 여세를 몰아 마침내 成皐(성고)를 포위하였다.

52. 한왕 유방, 張耳(장이)와 韓信(한신)의
군권을 掌握(장악)하다.

한왕이 滕公(등공, 하후영을 말함, 당시에 太僕(태복)의 지위로 유방의 수레를 몰았다)만 데리고 함께 수레를 타고 성고의 玉門(옥문, 성고성의 북문)을 나서서 도망쳤다. 그리고는 북쪽으로 황하를 건너고 말을 달려 수무현에 있던 장이의 군사를 뒤쫓아 갔다. 修武(수무, 지금의 하남성 수무현)에 도착하여 역참에서 묵었다.

다음 날 새벽에 한왕이, 자신을 한나라 使者(사자)라고 하면서, 말을 타고 조나라 군대의 堡壘(보루)로 달려 들어갔다. 장이와 한신은 아직 일어나지 않고 있었다. 한왕이 곧바로 그들의 침실 안으로 들어가 그들의 官印(관인)과 兵符(병부)를 빼앗아 군권을 장악했다(「회음후 열전」에 자세함). 그리고 장이를 북쪽으로 보내어 조나라 지역에서 더 많은 병사를 모집하게 했으며, 한신으로 하여금 동쪽으로 齊나라를 공격하게 하였다.

53. 낭중 정충이, 한왕에게 싸우지 말고
수비를 견고히 하라고 설득하니,

한왕이 한신의 군사를 얻어서 다시 士氣(사기)가 고조되었으므로, 병사를 이끌고 남하하여 황하에 이르러서는 小修武(소수무. 수무성 동쪽을 소수무라고 함)남쪽에 주둔하여 초군과 다시 싸우려고 하였다. 그러자 郎中(낭중. 제왕의 시종을 담당) 鄭忠(정충)이 설득하여, 壘壁(누벽)을 높이 하고 塹壕(참호)를 깊이 하여 수비를 견고히 하고 초군과 싸우지 않도록 하였다.

한왕이 그의 계책을 써서 盧綰(노관. 유방의 고향 친구로 유방을 따라 기병함), 劉賈(유고. 유방의 사촌형)로 하여금 병사 2만 명과 기병 수백 기를 거느리고 白馬津(백마진. 황하 나루터로 지금의 하남성 활현 동북쪽)을 건너서 초 땅에 진입하게 하였다. 그리고는 팽월과 함께 燕縣(연현. 지금의 하남성 연진현 동북)의 城廓(성곽) 서쪽에서 협공을 하여 초군을 크게 무찌르고, 마침내 梁(양) 땅의 10여 성을 함락시켰다.

54. 회음후 한신, 유세객 괴통의 계책으로
제나라를 격파하다.

淮陰侯(회음후, 한신의 봉호임, 지금의 강소성 회음시 서남쪽이 그의 봉지임) 한
신은 이미 명을 받아서 동진했으나 아직 平原津(평원진. 지금의 산동성
평원현 남쪽에 위치한 나루터)을 건너지 못하였다. 한왕은 酈食其(역이기)
를 보내서 제왕 田廣(전광)을 설득하자, 전광이 초나라를 배반하고
한나라와 강화하여 함께 항우를 공격하였다.

한신이 蒯通(괴통. 당시의 유명한 유세객)이 제안한 계책을 써서 드디
어 제나라를 격파하였다. 화가 난 제왕이 역이기를 烹殺(팽살)하고
동쪽으로 高密(고밀, 지금의 산동성 고밀현 서남쪽)로 달아났다.

항우는 한신이 이미 河北(하북)의 군사들을 통솔하여 제군과 조
군을 무찌르고, 또 초나라를 공격하려고 한다는 소식을 듣자, 龍
且(용저)와 周蘭(주란)을 보내어 한신을 공격하게 하였다. 한신이 그
들과 교전하니, 騎將 灌嬰(기장 관영)이 출격하여 초군을 크게 무찌
르고 용저를 참살하였다. 제왕 전광은 彭越(팽월)에게로 도망쳤다.
당시 팽월은 병사를 거느리고 梁(양) 땅에 주둔하여 늘 초군을 괴
롭히며 그들의 糧食(양식)을 차단했다.

55. 초의 대사마 조구,
汜水(사수)를 건너다가 大敗(대패)하다.

한왕 4년(B.C. 203년), 항우는 海春侯(해춘후) 大司馬 趙咎(대사마 조구. 대사마는 군무를 관장함)에게 "成皐城(성고성, 지금의 하남성 서북 대비산)을 신중히 지키시오. 만약 한군이 싸움을 건다고 해도 절대로 응전하지 말고 그들이 동진하지 못하게만 하오. 내가 보름 이내로 반드시 梁(양) 땅을 평정하고 나서 다시 장군과 합류할 것이오."라고 말하고 이어 陣留(진류), 外黃(외황), 睢陽(수양, 지금의 하남성 상구현 남쪽)을 잇달아 공격하였다.

한편 한군이 초군에게 여러 차례 싸움을 걸었으나, 초군은 싸움에 응하지 않았다. 그러자 한군이 사람을 보내어 5, 6일 동안 초군에게 욕을 하니, 대사마 조구가 화가 나서 병사를 거느리고 汜水(사수, 지금의 하남성 형양현 방산에서 발원하여 황하로 흐름)를 건넜다. 병사들이 막 반쯤 건널 즈음, 한군이 공격하여 초군을 크게 무찌르고 초나라의 금은보화와 재물을 모두 빼앗았다. 대사마 조구와 長史(장사, 관직 이름) 司馬欣(사마흔)이 汜水(사수)에서 자결하였다.

항우가 睢陽(수양)에 이르러 해춘후 조구가 패전하였다는 소식을 듣자 군사를 이끌고 회군하였다. 이때 한군은 형양 동쪽에서 鍾離眛(종리매, 항우 수하의 맹장)를 포위하고 있었으나 항우가 도착하자 두려워서 모두 험한 지대로 도주하였다.

漢王 劉邦(한왕 유방),
皇帝(황제)에 즉위하다.

56. 한왕 유방,
장군 韓信(한신)을 齊王(제왕)으로 삼다.

淮陰侯(회음후) 한신이 이미 제나라를 평정한 후 사람을 보내 한왕 유방에게 말하기를, "제나라는 초나라와 이웃해 있습니다. 저의 권력이 미미하니 저를 제나라의 임시 왕으로 봉해주십시오. 그리하지 않으면 아마 제나라를 안정시킬 수 없을 듯합니다(齊邊楚, 勸輕, 不爲假王, 恐不能安齊(제변초, 권경, 불위가왕, 공불능안제))."라고 하니,

한왕이 대로하여 한신을 공격하려고 하였다. 그러나 留侯(유후, 장량의 봉호)가 말하기를 "차라리 이 기회에 그를 제왕으로 세워서 스스로 제나라를 지키도록 하십시오."라고 하니, 장량에게 印綬(인수)를 가지고 가서 한신을 제왕으로 세우도록 하였다.

한편 龍且(용저)의 군대가 패하였다는 소식을 들은 항우가 두려운 나머지 盱台(우이, 지금의 강소성 우이 동북) 사람 武涉(무섭, 한신에게 한을 배반하고 초와 연합하여 천하를 삼분할 것을 권하였음)을 보내서 한신을 설득하였으나, 한신은 이를 듣지 않았다(『淮陰侯列傳(회음후열전)』에 자세함).

57. 한왕 유방, 項羽(항우)의 열 가지 罪狀(죄상)을 列擧(열거)하며 꾸짖다.

B.C. 205년 4월부터 B.C. 203년 8월까지 2년 5개월 동안 한왕 유방과 항왕 항우는 천하의 대권을 놓고 치열하게 對峙(대치)하였으니, 이 기간에 큰 전투는 70차례, 작은 전투는 40차례나 있었다고 한다.

초군과 한군이 오랫동안 서로 대치하였으나 승부가 나지 않자 병사들은 군 생활을 힘들어 하였고, 노약자들은 군량 운반에 지쳐 있었다.

유방과 항우가 廣武山(광무산, 지금의 하남성 형양현 북쪽) 계곡을 사이에 두고 舌戰(설전)을 벌렸는데, 항우가 유방과 단독으로 자웅을 겨루고자 제안하였으나 한왕 유방은 항우의 죄상을 하나하나 열거하며 항우를 꾸짖었는데(漢王數項羽曰(한왕수항우왈)),

"당초에 나와 그대는 초 懷王(회왕)의 명을 받들어서 먼저 關中(관중)에 진입하여 평정하는 자가 왕이 되기로 하였거늘, 그대는 약속을 어기고 나를 蜀漢(촉한)의 왕으로 봉하였으니 이것이 첫 번째 죄이며, 그대는 왕명을 사칭하여 卿子冠軍(경자관군, 송의가 당시 상장군이었으므로 부른 호칭) 宋義를 죽였으니 이것이 두 번째 죄다. 또 그대는 조나라를 구원한 후, 마땅히 회왕에게 보고를 해야 하였거늘 멋대로 諸侯軍(제후군)을 위협하여 관중에 진입했으니 이것이 세 번째 죄이며, 회왕께서 약조하시길 秦(진)에 들어가 폭행과 擄掠(노략)질은 하지 말라고 하셨거늘 그대는 진의 宮闕(궁궐)을 불사르고 始皇帝(시황제)의 묘를 파헤쳤으며(논란이 분분한 대목인데, 오늘날 전문가들이 정밀조사를 해본 결과 진시황의 무덤이 도굴되지는 않았다고 본다. 도굴된 부분이 兵馬俑坑(병마용갱)이라는 견해도 많음), 진나라의 재물을 私事(사사)로이 차지하였으니 이것이 네 번째의 죄이고,

또 항복한 진왕 子嬰(자영)을 이유 없이 죽였으니 이것이 다섯 번째 죄다. 속임수를 써서 항복한 진나라의 젊은이 20만 명을 新安(신안, 지금의 하남성 승지현 동쪽)에서 생매장하고 그 장수 장함을 왕으로 봉했으니 이것이 여섯 번째 죄다. 그대는 각 제후의 將帥(장수)들은 좋은 지방의 왕으로 삼고 원래의 諸侯王(제후왕)들은 다른 곳으로 쫓아내 그들의 신하들이 서로 다투어 모반케 하였으니 이것이 일곱 번째의 죄다.

또 그대는 義帝(의제)를 彭城(팽성)에서 쫓아내고 스스로 그곳에 도읍했으며 韓王 韓成(한왕 한성)이 공로가 없다는 구실로 그를 팽성으로 데려가서 봉지를 빼앗고 죽인 일, 梁(양), 楚(초) 나라를 합병하여 자신의 땅을 넓혔으니 이것이 여덟 번째의 죄이며, 사람을 보내어 江南(강남)에서 의제를 암살했으니 이것이 아홉 번째 죄이고, 신하된 자로서 그 君主(군주)를 弑害(시해)하고 이미 항복한 자를 죽였으며, 公正(공정)하게 政事(정사)를 행하지 않고 약속을 어기어 信義(신의)를 저버린 것은 천하에 용납되지 않을 大逆無道(대역무도)

함이니 이것이 열 번째 죄다.

　"나는 정의로운 군대를 거느리고 제후군과 함께 남은 도적들을 토벌할 것이며, 그대는 刑罰(형벌)을 받은 죄인들로 하여금 처벌하게 하면 될 것이거늘 내가 어찌 수고롭게 그대와 싸울 필요가 있으리오?"라고 하니,

58. 한왕, 화가 난 항우가 쏜 쇠뇌를
가슴에 맞으니,

이에 항우는 매우 화가 나서 숨겨놓았던 쇠뇌(복노(伏弩))를 쏘아서 한왕을 명중시켰다. 한왕은 가슴에 상처를 입고서도 짐짓 발을 더듬으며 말하기를 "저 역적이 내 발가락을 맞혔구나(虜中吾指(노중오지))!"라고 하였다.

한왕이 상처로 인해서 병져 눕자, 장량이 한왕에게 억지로 일어나서 군대를 순시하며 병사들을 위로하게 하니, 軍心(군심)을 안정시켜서 초군이 이를 틈타 한군과 싸워 이기는 것을 막고자 하는 계책이었다. 한왕이 나가서 군대를 순시하다가 병세가 심해져서 成皐(성고)로 급히 돌아왔다.

병이 快癒(쾌유)되자 한왕은 서쪽 關中(관중)으로 진입하였다. 櫟陽(역양, 지금의 서안시 염량구 섬서성 임동)에 이르러서는 酒宴(주연)을 베풀어 父老(부로)들을 위문한 뒤 塞王(새왕) 司馬欣(사마흔)의 首級(수급)을 저잣거리에 내걸었다. 한왕이 역양에서 나흘 동안 머무른 후 다시 군중으로 돌아와서 廣武(광무, 지금의 하남성 형양시 동북 광무산)에 군대를 주둔시키니, 관중에서 징집한 병사들이 더욱 늘어났다.

59. 항우, 鴻溝約條(홍구약조)를 맺고,
한왕의 부모, 처자를 돌려 보내다.

이때 팽월은 병사를 거느리고 梁(양) 땅에 주둔하면서 계속 초군을 괴롭히며 그들의 군량 공급을 차단하였다. 제의 승상 田橫(전횡)이 한신이 제의 왕이 되자 팽월에게 귀순하였다.

항우는 자주 팽월 등에게 반격을 해야 했고, 게다가 제왕 한신이 초군을 공격해오자 항우는 두려워졌다. 그래서 항우는 천하를 이등분하여 鴻溝(홍구. 황하와 회수를 연결시키는 운하) 서쪽 지역은 한의 영토로 하고 홍구 동쪽은 초의 영토로 하는 協約(협약)을 한왕과 하였다. 항우가 한왕의 부모 妻子(처자)를 돌려 보내니 군중의 병사들이 모두 만세를 불렀다.

60. 한왕, 유후 장량과 진평의 계책으로,
홍구약조를 파기하고, 항우를 추격하다.

　그리고 서로 군대를 철수시켰다. 항우가 군대를 철수하여 동쪽으로 돌아가자, 한왕도 병사를 이끌고 서쪽으로 돌아가려고 하였으나, 留侯(유후) 장량과 陳平(진평)의 計策(계책, 한이 이미 천하의 반을 얻었으니, 초군이 지친 틈을 이용해서 殲滅(섬멸)하지 않으면 後患(후환)이 있을 것이라고 염려한 장량과 진평은 한왕에게 항우를 추격하여 무찌를 것)을 건의함을 받아들여 동으로 진군하여 항우를 추격하였다.

61. 한왕, 장량의 계책으로
한신과 팽월이 합류하도록 하다.

陽夏(지금의 하남성 태강현) 남쪽에 이르러 진을 치고 제왕 韓信(한신),
建成侯(건성후) 彭越(팽월)과 약속한 날짜에 만나 함께 초군을 공격하
기로 하였다. 그러나 한왕이 固陵(고릉, 지금의 하남성 태강현 남쪽)에 도
착했으나 한신과 팽월이 오지 않았다.

초군이 한군을 공격하여 크게 무찌르니, 한왕은 다시 군영으로
철수하여 참호를 깊게 파고 수비만 하였다. 다시 장량의 計策(한신
과 팽월이 약속을 어긴 것은 영토 분양에 대해서 불만이 있어서라고 여긴 장량은 그들
에게 더 많은 영지를 할양해 주도록 한왕에게 건의하였음)을 쓰니 한신과 팽월
이 모두 합류했다.

62. 한왕의 제후군이
垓下(해하)에 집결하니,

    劉賈(유고)가 楚(초) 땅에 진입하여 壽春(수춘, 지금의 안휘성 수현)을 포위했으나, 한왕은 고릉에서 패전하였다. 그러자 한왕이 사자를 보내어 대사마 周殷(주은, 항우의 부장)을 불러 회유하니, 주은은 구강군의 군사를 출동시켜 武王(무왕, 경포를 가리킴)과 회합한 후, 행군 도중에 城父(성보, 지금의 안휘성 호현 동남쪽)를 도륙하고, 유고와 함께 齊(제), 梁(양)의 제후군과 만나서 모두 垓下(해하, 지금의 안휘성 영벽현 동남쪽에 위치)에 대거 집결하였다. 그리고는 무왕 경포를 회남왕으로 삼았다.

63. 회음후 한신이
戰勢(전세)를 역전시키다.

한왕 5년(B.C. 202년), 한왕 유방이 제후군과 함께 일제히 초군을 공격하여, 垓下(해하)에서 항우와 결전을 겨루었는데, 회음후 韓信(한신)이 30만 군사를 거느리고 초군과 정면으로 대진하니, 孔將軍(공장군, 한신의 부장 孔熙(공희))은 그 좌측에 진을 치고 費將軍(비장군, 한신의 부장 陳賀(진하))은 그 우측에 진을 쳤으며 한왕은 후면에 위치하고 絳侯(강후, 유방의 동향인인 周勃(주발)와 柴將軍(자장군, 柴武(자무)를 말함)이 한왕의 후면에 진을 쳤다.

회음후 한신이 먼저 초군과 교전했으나 전세가 불리하여 퇴각하였다. 공장군과 비장군이 좌우에서 협공하자 초군의 전세가 불리해졌다. 한신이 다시 이때를 이용하여 반격을 가하여 해하에서 초군을 크게 무찔렀다.

64. 항우, 四面楚歌(사면초가)를 들으면서
패주하다가 동성에서 죽다.

항우가 밤에 漢軍이 부르는 초나라 노래 소리, 四面楚歌(사면초가)를 듣고 한군이 초 땅을 완전히 점령했다고 생각했다. 항우가 패주하자 초나라 군사도 모두 대패하고 말았다.

한왕이 騎將 灌嬰(기장 관영)으로 하여금 항우를 추격하여 東城(동성, 지금의 안휘성 정원현 동남쪽)에서 죽이게 하고 초군 8만 명의 목을 베어 마침내 초나라를 평정하였다. 다만 魯縣(노현) 사람들만 초나라를 위하여 굳게 수비하며 投降(투항)하지 않으니, 한왕이 제후군을 이끌고 북진하여 노현 부로들에게 항우의 머리를 보이자 노현 사람들이 비로소 항복하였다. 그러자 한왕은 魯公(노공, 초 회왕이 처음에 항우를 노공에 봉했음)이라는 봉호에 대한 예우로 항우를 穀城(곡성, 지금의 산동성 평음현 서남쪽 동하진)에 장사 지냈다(당시 항우 31세).

定陶(정도, 지금의 산동성 정도현)로 돌아온 한왕은 齊王 韓信(제왕 한신)의 군영으로 가서 제왕의 군권을 剝奪(박탈)하였다(한신에 대한 兎死狗烹(토사구팽)이 이때 이미 예견됨).

65. 漢王 劉邦^(한왕 유방),
皇帝^(황제)로 즉위하다.

B.C. 202년 정월, 諸侯^(제후)와 將相^(장상)들이 함께 한왕을 황제로 받들겠다고 청하자,

한왕 유방이, "내가 듣건데 황제의 자리는 어진 자만이 앉을 수 있다고 들었소, 황제의 자리는 결코 空虛^(공허)한 말과 빈말로 지킬 수 있는 것이 아니오, 나는 황제라는 지위를 감당할 수 없소"라고 하였다.

그러자 여러 신하들이 모두 말하기를, "대왕께서는 가난하고 보잘 것 없는 平民^(평민) 출신으로서 暴惡無道^(포악무도)한 자를 討伐^(토벌)하여 천하를 평정하시고 功勞^(공로)가 있는 자에게 封地^(봉지)를 나누어주어 王侯^(왕후)에 봉하셨는데, 대왕께서 皇帝^(황제)의 尊號^(존호)를 받아들이지 않으신다면 모든 사람이 대왕께서 내리신 봉호에 대해서 의심하여 믿지 않을 것입니다. 저희 신하들은 목숨을 걸고 이점을 관철시키고자 합니다."라고 하였다.

재삼 사양하던 한왕은 어쩔 수 없다는 듯이 "그렇게 하는 것이 반드시 국가에 이익이 된다고 생각한다면 그 건의를 받아들이겠소."라고 하였다.

2월 갑오일^(음력 2월 3일), 한왕은 汜水^{(사수, 지금의 산동성 정도현 북쪽을 지나는 강. 漢高祖壇(한고조단)이 있음)} 북쪽에서 황제에 즉위하였다.

66. 論功行賞(논공행상)

황제는 "義帝(의제)께서 후사가 없다."라고 하시며, 초나라의 풍속에 익숙한 제왕 韓信(한신)을 楚王(초왕)으로 바꾸어 봉하여 下邳(하비)에 도읍하도록 하고, 건성후 彭越(팽월)을 梁(양)王으로 삼아서 定陶(정도)에 도읍하도록 하였다. 또 예전의 韓王(한왕) 信(신)을 한왕으로 삼아서 陽翟(양적, 지금의 하남성 우현)에 도읍하게 하고, 衡山王(형산왕) 吳芮(오예)를 다시 長沙王(장사왕)으로 삼아서 臨湘(임상, 지금의 하남성 장사시)에 도읍하도록 하였다. 그리고 番君(파군, 오예를 가리킴)의 부장 梅鋗(매현)이 한왕을 따라 武關(무관)에 진입한 공로가 있으므로 파군에게 致辭(치사)하였다. 회남왕 鯨布(경포), 燕王(연왕) 臧荼(장도), 조왕 張敖(장오, 조왕 장이의 아들)의 봉호는 모두 예전과 같이 하였다.

천하가 모두 평정되어 漢(한) 高祖(고조) 劉邦(유방)이 洛陽(낙양)에 도읍했다. 모든 제후들이 신하로서 귀의하였다. 5월, 병사들이 모두 해산하여 귀가하였다.

67. 漢(한) 高祖(고조),

"내가 天下를 얻을 수 있었던 이유가 무엇이고, 項羽(항우)가 천하를 잃은 이유가 무엇이오?(吾所以有天下者何, 項氏之所以失天下者何(오소이유천하자하, 항씨지소이실천하자하))"

고조가 낙양의 남궁에서 酒宴(주연)을 베풀며, "列侯(열후)와 여러 장수들은 朕(짐)을 속이지 말고 모두 사실대로 속마음을 이야기해 보시오. 내가 천하를 얻을 수 있었던 이유가 무엇이고, 항우가 천하를 잃은 이유가 무엇이오?"라고 물으니(列侯諸將無敢隱朕(열후제장무 감은짐), 皆言其情(개언기정), 吾所以)有天下者何?(오소이유천하자하), 項氏之所以失天 下者何?(항씨지소이실천하자하)).

都武侯(도무후) 高起(고기)와 信平侯(신평후) 王陵(왕릉)이 이렇게 대답 하였다.

"陛下(폐하)는 傲慢(오만)하여 다른 사람을 업신여기고, 항우는 仁 慈(인자)하여 다른 사람을 사랑할 줄 압니다. 그러나 폐하는 사람을 시켜서 성과 땅을 공략하게 하여 점령되는 곳은 그들에게 나누어 주심으로써 천하와 더불어 이익을 함께 하셨습니다. 반면에 항우는 어질고 才能(재능) 있는 자를 猜忌(시기)하고 功勞(공로)가 있는 자를 미워하고 賢者(현자)를 의심하며, 전투에 승리해서도 다른 사람에게 그 공을 돌리지 않고, 땅을 얻고서도 다른 사람에게 그 이익을 나누어주지 않았으니, 이것이 항우가 천하를 잃은 까닭입니다."

그러자 고조가 다음과 같이 말하였다. "그대는 하나만을 알고 둘은 모르는구려(公知其一 不知其二(공지기일 부지기이), 줄여서 知一不知二(지일 부지이)라고 쓰기도함).

軍幕(군막) 속에서 계책을 짜내어 천리 바깥에서 승리를 결정 짓는 일에서는 내가 子房(자방) 張良(장량)만 못하며(夫運籌策帷帳之中(부운 주책유장지중), 決勝於千里之外(결승어천리지외), 吾不如子房(오불여자방)). 나라를 안정시키고 백성들을 위로하며 양식을 공급하고 운송도로가 끊기지 않게 하는 일에서는 내가 蕭何(소하)만 못하고(鎭國家(진국가), 撫百姓(무백성), 給餽饟(급궤양), 不絶糧道(부절양도), 吾不如蕭何(오불여소하)). 또 백만 대군을 통솔하여 싸움에 반드시 승리하고 공격함에 반드시 점령하는 일에서는 내가 韓信(한신)만 못하오(連百萬之軍(연백만지군), 戰必勝(전필승), 攻必取(공필취), 吾不如韓信(오불여한신)).

이 세 사람은 모두 傑出(걸출)한 인재로서 내가 그들의 才能(재능)을 이용할 수 있었다는 것이 바로 천하를 얻을 수 있었던 까닭이며(此三者(차삼자), 皆人傑也(개인걸야), 吾能用之(오능용지), 此吾所以取天下也(차오 소이천하야)). 항우는 단지 范增(범증) 한 사람만이 있었으나 그마저 끝까지 신용하지 못했으니 이것이 항우가 나에게 사로 잡힌 까닭이오(項羽有一范增而不能用(항우유일범증이불능용), 此其所以爲我擒也(차기소이위아 금야))"

유방의 인재관을 잘 보여주는 대목이다. 유방은 자신보다 뛰어난 인재들을 허심탄회하게 포용함으로써 끝내 천하를 얻었는데, 이는 역대 성공한 리더들의 인재관 중에서도 단연 돋보인다고 하겠다.

68. 한 고조,
낙양에서 관중으로 들어가 도읍하다.

고조가 내심 오랫동안 洛陽(낙양)에 都邑(도읍)하려고 했으나, 제 나라 사람 劉敬(유경)과 留侯(유후) 장량이 關中(관중)에 들어가서 그 곳에 도읍하기를 거듭 권하니, 고조는 그날로 즉시 御駕(어가)를 몰 아서 관중으로 진입하여 도읍하였다.

6월, 천하에 大赦免令(대사면령)을 내렸다.

漢 高祖(한 고조),
大風歌(대풍가)를 부르고
쓰러지다.

69. 거듭되는 謀叛(모반)과 韓信(한신)의 제거

한 고조 5년(B.C. 202년) 10월(7월의 오기라고 함), 燕王 臧荼(연왕 장도)가 謀反(모반)하자 고조가 친히 군사를 거느리고 代(대) 땅을 공략하여 함락시키고 장도를 생포했다. 太尉 盧綰(태위 노관)을 세워서 연왕으로 삼고 승상 樊噲(번쾌)로 하여금 군사를 이끌고 가 代 땅을 계속 공략하게 하였다.

이해 가을, 利幾(이기. 원래 항우의 부장이었으나 유방에게 투항하여 영천후가 됨)가 모반하자 고조가 친히 군사를 거느리고 가 그를 토벌하니 이기는 도주하였다.

70. 태공의 家令^(가령)이, 태공에게
"하늘에 태양이 둘이 아니듯 땅에 두 명의 군주가
있을 수 없다^{(天無二日 土無二王(천무이일토무이왕))}"고 건의 하니,

한 고조 6년^(B.C. 201년), 고조가 5일에 한 번씩 太公^{(태공, 고조의 부}
친을 가리킴)을 拜謁^(배알)했는데, 그들은 일반 庶民^(서민) 부자지간의
禮節^(예절)을 따랐다. 태공의 家令^(가령, 집안 일을 관리하는 가신)이 태공
에게 건의하기를, "하늘에 태양이 둘이 아니듯 땅에 두 명의 군주
가 있을 수 없습니다. 지금 고조께서는 자식이지만 백성들의 군주
이시고, 태공께서는 아버지이이지만 군주의 신하이십니다. 백성
의 주인이 어찌 신하에게 절을 할 수 있겠습니까? 그러면 위엄이
서지 않습니다."

그 후 고조가 인사를 드리러 오자. 태공이 "皇帝^(황제)는 천하 백
성들의 군주이시니 이제 나로 인하여 천하의 법도를 어지럽힐 수
있겠습니까?"라고 말하였다. 이에 고조가 태공을 太上皇^{(태상황, 제}
^{왕의 부친에 대한 존칭)}으로 받들고, 내심 가령의 말을 가상히 여겨 그
에게 금 500근을 下賜^(하사)하였다.

71. 어떤 사람이, 韓信(한신)이 반란을 꾀하고 있다고 하다(兎死狗烹(토사구팽)).

12월, 어떤 사람이 상서해 초왕 韓信(한신)이 叛亂(반란)을 꾀하고 있다고 보고하였다. 고조가 陳平(진평)의 계책을 채택하여 거짓으로 雲夢澤(운몽택, 늪의 이름으로 지금의 호북성 감리현 남쪽)에 行遊(행유)하여 陳縣(진현)에서 제후들과 만났다. 초왕 한신이 나와서 영접하자 즉시 그를 체포하였다. 그날 고조는 천하에 大赦免令(대사면령)을 내렸다.

田肯(전긍)이 하례를 올리며, "제나라 땅은 가히 東秦(동진)과 西秦(서진)으로 칭할 만큼 지세가 유리하므로, 폐하의 자제가 아니면 제나라에 봉해서는 안됩니다."라고 進言(진언)하니,

고조가 "좋은 생각이오."라고 하면서, 전긍에게 황금 500근을 하사하였다.

10여 일이 지난 후, 한신을 淮陰侯(회음후)에 봉하고 그의 봉지 초나라를 크게 두 나라로 나누었다. 고조는 장군 劉賈(유고)가 여러 차례 공로를 세웠다고 하며 그를 荊王(형왕)으로 삼아서 淮河(회하, 지금의 안휘성 회하 동부와 남부 일대) 동쪽 지역을 다스리게 하였다. 또 아우 劉交(유교)를 초왕으로 삼아서 회하 서쪽 지역을 다스리게 했으며, 아들 劉肥(유비)를 제왕으로 삼아서 70여 성을 다스리게 하고 인근 城邑(성읍) 중에서 제나라 말을 사용하는 곳을 모두 제나라에

귀속시켰다.

고조가 論功行賞(논공행상)하여 여러 열후들에게 符節(부절)을 쪼개어 封侯(봉후)의 증표로서 나누어주고, 韓王 信(한왕 신, 회음후 韓信이 아님)을 太原(태원, 지금의 산서성 태원시)으로 옮기어 봉하였다.

72. 위 한왕 信(신)이 흉노와 태원에서 모반을 하니, 고조가 친히 토벌에 나섰으나,

　　고조 7년(B.C. 200년), 匈奴(흉노)가 馬邑(마읍, 지금의 산서성 삭현, 당시 도읍임)에서 한왕 신을 공격하자, 한왕 신이 이를 기회로 흉노와 태원에서 모반하였다. 그러자 白土(백사, 지금의 내몽고 자치구에 있던 현 이름)의 蔓丘臣(만구신, 한왕 신의 부장임)과 王黃(왕황, 한왕 신의 부장임)도 예전 조나라 장수였던 趙利(조리)를 왕으로 옹립하여 모반하였다.

　　그러자 고조가 친히 군사를 거느리고 討伐(토벌)에 나섰다. 그러나 날씨가 추워서 凍傷(동상)으로 손가락이 떨어져 나간 병사가 10명 중 2-3명이나 되었으므로 결국 平城(평성, 지금의 산서성 대동시 동북쪽)으로 물러났다. 당시 匈奴(흉노)가 高祖(고조)를 평성에서 包圍(포위)했다가 7일 후에 포위를 풀고 돌아갔다.

　　고조가 樊噲(번쾌)로 하여금 代(대) 땅에 남아서 평정하도록 하고, 형 劉仲(유중, 고조의 둘째 형)을 代王(대왕)으로 삼았다. 2월, 고조는 평성을 떠나 조나라와 洛陽(낙양)을 경유하여 長安(장안)으로 돌아왔다.

73. 長樂宮(장락궁)이 완성되자,
승상 이하 모든 관원들이 장안으로 옮겨와서
政事(정사)를 보았다.

한 고조 8년(B.C. 199년), 고조는 또 동쪽으로 진군하여 한왕 신의 殘餘(잔여) 반군을 東垣(동원. 지금의 하북성 석가장시 동북쪽)에서 공격하였다. 승상 소하가 未央宮(미앙궁)을 장안성내 서남방에 東闕(동궐), 北闕(북궐), 前殿(전전), 武庫(무고), 太倉(태창)을 축조하였다(대신들의 조회 장소로 쓰임).

74. 조나라 승상 貫高(관고) 등이
고조를 시해하려 하다.

한 고조 9년(B.C. 198년), 조나라 승상 貫高(관고) 등이, 고조가 동원으로 행차하는 길에 柏人(백인, 지금의 하북성 융요현 서쪽)을 경유했는데, 고조를 弑害(시해)하려고 하려다가 발각되어 그들의 삼족을 멸하고, 조왕 張敖(장오)를 폐위하여 宣平侯(선평후)에 봉하였다. 이해 고조는 초나라의 귀족 昭氏(소씨), 屈氏(굴씨, 景氏(경씨), 懷氏(회씨)(모두 초나라 왕족의 후예임)와 제나라의 귀족 田氏(전씨, 제나라 왕족의 후예)를 關中(관중)으로 이주시켰다.(초의 명문가들을 관중으로 옮긴 조치는 유경의 건의에 따른 것으로, 관중 지역의 인구를 늘리는 한편 이들 귀족 집안들을 한곳에 모아 통제하기 쉽도록 하기 위해서였다. 「유경숙손통열전」에 자세함).

75. 未央宮(미앙궁)의 연회와
太上皇(태상황)의 逝去(서거)

　미앙궁이 완성되자 고조는 제후들과 군신들을 소집하여 미앙궁 前殿(전전)에서 연회를 베풀었다. 고조가 옥 술잔을 받쳐들고 일어나서 太上皇(태상황)에게 祝壽(축수)하며 말하기를,

　"당초에 大人(대인, 태상황을 가리킴)께서는 항상 내가 재주가 없어서 생업을 꾸려나가지 못할 것이며 둘째 형 유중처럼 노력하지도 않는다고 여기셨습니다. 그런데 지금 내가 이룬 업적을 유중과 비교하면 누구 것이 더 많습니까?"라고 하니, 殿上(전상)의 대신들이 모두 만세를 외치며 큰소리로 웃으며 즐거워 하였다.

　한 고조 10년(B.C. 197년) 7월, 태상황이 櫟陽宮(역양궁)에서 逝去(서거)하니, 초왕 유교와 양왕 팽월이 와서 장례를 치렀다. 고조는 櫟陽(역양)의 죄수들을 사면하고 酈邑(역읍)을 新豊(신풍)으로 改名(개명)하였다.

76. 陳豨(진희), 韓信(한신), 彭越(팽월), 鯨布(경포)의 謀叛(모반)

8월, 조나라의 相國(상국) 陳豨(진희)가 代(대) 땅에서 謀叛(모반)하였다. 9월, 황상이 친히 동진하여 진희를 공격하였다. 邯鄲(한단. 조나라의 도읍이었음. 지금의 하북성 한단시)에 도착하니, 진희의 부장들이 이전에 모두 장사꾼이었다는 말을 듣자 그들을 황금으로 誘惑(유혹)하니 投降(투항)하는 자가 많았다.

한 고조 11년(B.C. 196년), 고조가 한단에서 진희 등을 미처 완전히 토벌하지 못하자, 漢(한)의 조정에서는 장군 郭蒙(곽몽)으로 하여금 제의 장수와 함께 공격하게 하여 크게 무찔렀다. 또 태위 周勃(주발)은 태원에서 진공하여 代(대) 땅을 평정하고, 馬邑(마읍)에 이르러 그곳을 공략하여 살육하였다.

진희의 부장 趙利(조리)가 東垣(동원, 지금의 하북성 석가장시 동북)을 수비하고 있었는데, 고조가 이곳을 공략하여 한 달여 동안 함락되지 않다가 드디어 성이 함락되었다. 고조가 자기에게 욕한 자를 찾아내서 목을 베고 나머지 병사들은 赦免(사면)해주도록 명령하였다.

그리고 조나라의 常山(상산, 지금의 하북성 곡양현 서북쪽) 이북 지역을 代(대) 나라에 떼어주고, 아들 柳恒(유항. 박태후 소생으로 후에 한 문제가 됨)을 代王(대왕)에 봉하여 晉陽(진양, 지금의 산서성 태원시 서남쪽)에 都邑(도읍)하게 하였다.

이해 봄, 회음후 한신이 關中(관중)에서 모반하자 그의 삼족을 멸하였다. 여름, 양왕 彭越(팽월)이 모반하자 그를 왕위에서 폐하여 蜀(촉) 땅으로 쫓아냈는데, 그가 다시 모반하려 하자 마침내 그의 삼족을 멸하였다. 고조는 아들 劉恢(유회. 다섯째 아들)를 세워서 梁王(양왕)으로 삼고, 아들 劉友(유우. 여섯째 아들)를 淮陽王(회양왕)으로 삼았다.

이해 가을 7월, 회남왕 鯨布(경포)가 모반하여 동쪽으로 형왕 유가의 봉지를 倂呑(병탄)하고 북쪽으로 淮河(회하)를 건너자, 초왕 유교가 薛縣(설현)으로 도망쳐왔다. 고조가 친히 나아가 공격하고 아들 劉長(유장. 일곱째 아들)을 淮南王(회남왕)으로 삼았다.

고조 12년(B.C. 195년) 10월, 고조가 경포 군대를 會甄(회추)에서 격퇴시켰다. 경포가 도망치자 別將(별장)으로 하여금 그를 추격하게 하였다.

77. 한 고조, 錦衣還鄕(금의환향)하여
大風歌(대풍가)를 부르다.

　고조가 돌아오는 길에 沛縣(패현)을 지나게 되어 그곳에 머무르게
되었다. 行宮(행궁)인 沛宮(패궁)에서 宴會(연회)를 베풀었다. 옛 친구
들과 父老(부로), 子弟(자제)를 초청하여 마음껏 술을 마시며 패현의
아이 120명을 선발하여 그들에게 노래를 가르쳤다. 술이 거나해
지자 고조는 筑(축, 13줄의 현악기)을 타며 직접 노래를 지어서 불렀다.

　　큰 바람 몰아치니 구름 날아 오르고(大風起兮雲飛揚(대풍기혜운비양)).
　　천하에 위엄을 떨치고 고향에 돌아왔도다(威加海內兮歸故鄕(위가해내혜귀고향)).
　　어떻게 용사를 얻어 천하를 지킬까(安得猛士兮守四方(안득맹사혜수사방)).

　고조가 아이들에게 모두 따라 부르게 하더니, 자리에서 일어나
춤을 추며 感慨無量(감개무량)하여 감정이 복받쳐 눈물을 줄줄 흘렸
다. 그리고 패현의 부형들에게, "나그네는 고향이 그리워 슬퍼지
기 마련이니, 내가 비록 관중에 도읍하고 있으나, 만년 후에도 나
의 혼백이 고향 패현을 좋아하고 그리워할 것이오(遊子悲故鄕, 吾雖都
關中, 萬歲後吾魂魄猶樂思沛(유자비고향, 오수도궐중, 만세후오혼백유락사패))."

　또한 나는 패공이 되었을 때부터 暴虐無道(포학무도)한 자들을 토

벌하여 마침내 천하를 얻게 되었으니, 나는 장차 패현을 나의 湯沐邑(탕목읍, 천자에게 朝見(조현)하러 온 제후들 유숙지)으로 삼을 것이며 이곳의 백성들에게 賦役(부역)을 免除(면제)해주어 대대로 納稅(납세)와 부역을 할 필요가 없게 할 것이오."라고 하였다.(현재 패현에는 유방과 관련하여, 歌風臺(가풍대), 大風歌碑(대풍가비)가 강소성 성급문물보호단위로 있고, 沛古城(패고성), 漢魂宮(한혼궁), 高祖原廟(고조원묘), 泗水亭公園(사수정공원) 등의 기념 건축물 등이 조성되어 있다).

78. 沛縣(패현)의 부형들과 諸母(제모, 친족의 백숙모 등 부녀들) 및 옛 친구들은 날마다 愉快(유쾌)하게 술을 마시고 지난 일을 담소하며 즐거워 하였다.

10여 일이 지나서, 고조 일행이 떠나가니 패현 사람들은 마을을 텅 비워둔 채 모두 마을 서쪽으로 나가서 고조 일행을 배웅하며 예물을 바치니, 고조는 다시 머물러서 천막을 치고 3일간 술을 마셨다. 패현의 부형들이 모두 머리를 조아리고 豐邑(풍읍)도 부역 면제를 간청하니, 고조는 풍읍에도 부역을 면제해주어 패현과 같게 하였다. 그리고 沛侯(패후) 劉濞(유비, 劉仲(유중)의 둘째 아들)를 吳王(오왕)에 봉하였다.

당시 한나라 장수들은 따로 경포의 군사를 洮水(조수, 지금의 하남성 영능현을 흐르는 강)의 남북쪽에서 공격하여 모두 크게 무찌르고 경포를 추격하여 鄱陽(파양)에서 참살하였다. 韓信(한신), 彭越(팽월), 鯨布(경포)가 고조가 병사하기 1년 전에 반란을 일으켰다가 모두 죽었다.

樊噲(번쾌)는 따로 병사들을 거느리고 代(대) 땅을 평정했으며, 陳豨(진희)를 當城(당성, 지금의 하북성 울현 동쪽)에서 참살하였다.

11월, 고조가 경포의 군사를 토벌한 후 장안으로 돌아왔다. 그리고 진희와 조리에게 위협당한 代(대) 땅의 관리, 백성들을 모두 사면해주었다. 辟陽侯(벽양후, 審食其(심이기)를 말함)가 燕王(연왕) 盧綰

(노관)에게 모반의 徵兆(징조)가 있음을 보고하자. 2월, 번쾌와 주발로 하여금 군사를 이끌고 연왕 노관을 공격하게 하고 반란에 참여한 燕(연) 땅의 관리와 백성들을 사면하였다. 그리고 아들 劉健(유건, 여덟째 아들)을 세워서 燕王(연왕)으로 삼았다.

79. 漢 高祖 劉邦(한 고조 유방),
사람의 명은 하늘에 달려 있다고 하며(命乃在天(명내재천)),

    고조가 鯨布(경포)를 공격할 때에 流矢(유시)를 맞은 적이 있다. 돌아오는 도중에 병이 났다. 병세가 심해지자 呂后(여후)가 名醫(명의)를 불러왔다. 의원이 들어와서 고조를 배알하자, 고조는 의원에게 병세를 물어보았다. 의원이 "폐하의 병은 치료할 수 있습니다."라고 말하자,

    고조는 그를 나무라며 말하기를 "나는 평민의 신분으로 세 자 길이의 검을 들고 천하를 얻었으니, 이는 천명이 아니겠는가?(吾以布衣提三尺劍取天下, 此非天命乎?(오이포의제삼척검취천하, 차비천명호?)) 사람의 명은 하늘에 달려 있는 것이니, 설사 扁鵲(편작)이라고 한들 무슨 도움이 되겠는가!(命乃在天, 雖扁鵲何益!(명내재천, 수편작하익!))"라고 하였다. 고조는 의원에게 치료 받지 않고 황금 50근을 하사하며 물러나게 하였다.

80. 呂后(여후)가 高祖(고조)에게
死後(사후) 대신할 신하를 물으니,

　잠시 후에 여후가 고조에게 "폐하의 百歲後(백세후), 相國 蕭河(상국 소하)가 죽으면 누구로 하여금 그를 대신하게 하지요?"라고 물으니, 고조가 "朝參(조참)이 대신할 수 있을 것이오."라고 대답하였다. 그 다음 사람을 물으니 고조는 "王陵(왕릉)이 할 수 있을 것이오. 그러나 왕릉은 다소 고지식하므로 陳平(진평)이 그를 돕도록 하는 것이 좋소, 진평은 충분한 지혜를 가지고 있지만 단독으로 대사를 맡는 것은 어렵소, 周勃(주발)은 중후하나 文才(문재)가 모자라오,

　그러나 劉氏(유씨)의 한나라 왕조를 안정시킬 자는 틀림없이 周勃(주발)이니 그를 太尉(태위)로 삼을만 하오."라고 대답하였다. 여후가 다시 그 다음은 누구인가를 물으니, 고조는 "그 다음의 일은 당신이 알 바가 아니오."라고 말하였다.

81. 한 고조 12년(B.C. 195년, 유방 62세)
하력 4월 25일, 甲辰日(갑진일),
고조가 長樂宮(장락궁)에서 崩御(붕어)했다.

4일이 지나도 發喪(발상)하지 않았다. 呂后(여후)가 審食其(심이기)와 의논하기를 "여러 장수들은 전에 황제와 함께 戶籍名簿(호적명부)에 오른 평민이었다가 지금은 北面(북면)하여 신하가 되었으니, 이들은 항상 불만을 품고 있소. 그런데 지금 어린 군주(漢 惠帝 劉盈(한 혜제 유영))를 섬겨야 하니 그들을 滅族(멸족)하지 않으면 천하가 어지럽게 될 것이오."라고 하였다.

어떤 사람이 이 말을 듣고 酈將軍(역장군, 역이기의 아우 역상)에게 알리자, 역장군은 심이기를 만나서 이렇게 말하였다. "내가 듣건데 황제께서 이미 서거하여 4일이 지났는데도 발상을 하지 않고 여러 장수들을 죽이려고 하니, 만약 그렇게 되면 천하가 위태로울 것이오. 陳平(진평)과 灌嬰(관영)이 10만 군사를 거느리고 滎陽(형양)을 수비하고 있으며, 樊噲(번쾌)와 周勃(주발)이 20만 군사를 거느리고 燕(연)과 代(대)를 평정했는데, 황제가 붕어하여 여러 장수들이 모두 죽임을 당할 것이라는 소식을 그들이 듣는다면, 그들은 반드시 군대를 연합하고 회군하여 關中(관중)을 공격할 것이오. 대신들이 안에서 謀叛(모반)하고 제후들이 밖에서 반란을 일으킨다면 이 나라가 망하는 것은 발꿈치를 들고서도 기다릴 수 있을 만큼 순식간의 일이 될 것이오."

심이기가 궁에 들어가서 여후에게 이 말을 전하자, 丁未日(정미일), 하력 4월 28일에 發喪(발상)하고 천하에 大赦免令(대사면령)을 내렸다.

82. 後嗣(후사)

丙寅日(병인일), 夏曆(하력, 陰曆(음력)을 말함) 5월 17일에 황제를 長陵
(장릉, 지금의 섬서성 함양시 동북쪽 20킬로미터 지점 窯店鄕(요점향)에 있음)에 安
葬(안장)하고, 己巳日(기사일, 하력(음력) 5월 20일)에 태자 유영이, 太上
皇廟(태상황묘, 자신의 아버지를 높이기 위한 호칭임)에 이르렀다.

83. 고조 유방의 존호를 高皇帝(고황제)라고 하다.

대신들이 모두 말하기를 "高祖(고조)는 미천한 평민 출신으로 난세를 다스리시어 正道(정도)를 회복하고 천하를 평정하여 漢(한) 나라의 太祖(태조)가 되셨으니 공로가 가장 높으시다."라고 하며, 尊號(존호)를 바꾸어 高皇帝(고황제)라고 하였다. 태자가 位號(위호)를 계승하여 황제가 되니, 이 이가 바로 孝惠 皇帝(효혜 황제)이다.

그리고 각 郡國(군국, 조정의 직할지인 郡과 제후를 봉한 봉국)의 제후들에게 모두 高祖廟(고조묘)를 세워서 매년 맞추어 제사를 지내도록 명하였다. 그리고 고조가 沛縣(패현)을 좋아하고 그리워했으므로 沛宮(패궁)을 고조의 原廟(원묘, 원래의 종묘 외에 다시 지은 제2의 종묘를 말한다)로 삼았다.

84. 한 고조에게는 여덟 명의 아들이 있었다.

첫째 장남 劉肥(유비)는, 庶子(서자)(고조가 평민 신분일 때에 曹氏(조씨)와 정을 통하여 유비를 낳았다. 장남이기는 하나 적자가 아닌 첩실 소생의 서자이므로 長庶(장서)라고함)인 齊悼惠王(제 도혜왕) 劉肥(유비)이고,

둘째 아들은 孝惠皇帝(효혜황제)로서 呂后(여후)의 아들이며, 셋째 아들은 戚夫人(척부인)의 아들 趙 殷王(조 은왕) 劉如意(유여의)이다. 넷째 아들인 代王(대왕) 劉恒(유항)은 薄太后(박태후)의 아들로서 후일 孝文皇帝(효문황제)로 즉위했으며, 다섯째 아들은 梁王(양왕)으로 劉恢(유회)로서 여태후가 집정할 때에 趙 共王(조 공왕)으로 옮겨갔고, 여섯재 아들은 淮陽王(회양왕) 劉友(유우)인데 여태후가 집정할 때 趙 幽王(조 유왕)으로 옮겨갔다. 일곱째 아들은 淮南(회남)의 厲王(여왕) 劉長(유장)이며, 여덟째 아들은 燕王(연왕) 劉建(유건)이다.

한 王朝(왕조)가 흥기하여 前代(전대)의 弊端(폐단)을 개혁함으로써 백성들로 하여금 疲困(피곤)하지 않게 했으니, 이는 自然(자연, 反復循環(반복순환)하여 始終(시종)이 되풀이 되는 天道(천도)를 말함)의 법칙과 규율에 符合(부합)되는 것이라고 하겠다.

참고문헌

『三皇 五帝의 德治』, 장기근 저, 명문당, 2003년.

『史記 本紀』, 司馬遷 저, 신동준 옮김, 위즈덤하우스, 2015년.

『史記 表』, 司馬遷 저, 신동준 옮김, 위즈덤하우스, 2015년.

『사기본기1』, 사마천 지음, 김영수 옮김, ㈜알마, 2014년.

『사기본기2』, 사마천 지음, 김영수 옮김, ㈜알마, 2014년.

『사기 1』, 사마천 저, 김영환 역주, 경인문화사, 2013년,

『司馬遷 史記 1, 史記本紀』, 鄭範鎭 외, 까치, 2010년.

『司馬遷 史記 2, 史記表序 · 書』, 鄭範鎭 외, 까치, 2010년.

『司馬遷 史記 3, 4, 史記世家 上, 下』, 鄭範鎭 외, 까치, 2010년.

『司馬遷 史記 5, 6, 7, 史記列傳 上, 中, 下』, 鄭範鎭 외, 까치, 2010년.

『史記 上 · 中 · 下 』野口定男 외 3. 平凡社. 1979년.

『사기본기, 표서 · 서』, 朴一峰 역저, 육문사, 2012년.

『史記(本紀. 世家)』, 崔大林 역해, 홍신문화사, 2011년.

『사기세가 1 · 2』 사마천 지음, 장세후 옮김, 연암서가, 2023년.

『사기세가1』, 사마천 지음, 김영수 옮김, ㈜알마, 2014년.

『사기세가』, 사마천 지음, 김원중 옮김, 민음사, 2015년.

『사기세가』 사마천 지음, 신동준 옮김, 위즈덤하우스, 2015년.

『사마천 史記』, 스진 풀어씀, 노만수 옮김, 일빛, 2014년.

원문『史記列傳』, 사마천 저, 보경문화사, 2007년.

『史記列傳』, 사마천 저, 崔仁旭 역주, 현암사, 1972년.

『사기열전 上』, 사마천 지음, 최익순 옮김, 백산서당, 2014년.

『사기열전 中』, 사마천 지음, 최익순 옮김, 백산서당, 2014년.

『사기열전 下』, 사마천 지음, 최익순 옮김, 백산서당. 2014년.

『사기열전 1』, 사마천 지음, 장세후 옮김, 연암서가, 2017년.

『사기열전 2』, 사마천 지음, 장세후 옮김, 연암서가, 2017년.

『사기열전 3』, 사마천 지음, 장세후 옮김, 연암서가, 2017년.

『사기열전 상』, 사마천 지음, 김원중 옮김, 을유문화사, 2002년.

『사기열전 하』, 사마천 지음, 김원중 옮김, 을유문화사, 2002년.

『사기열전 1』, 司馬遷 지음, 林東錫 역주, 동서문화사, 2009년.

『사기열전 2』, 司馬遷 지음, 林東錫 역주, 동서문화사, 2009년.

『사기열전 3』, 司馬遷 지음, 林東錫 역주, 동서문화사, 2009년.

『사기열전 4』, 司馬遷 지음, 林東錫 역주, 동서문화사, 2009년.

『史記 교양강의』, 한자오치 지음, 이인호 옮김, 돌베게, 2014년.

『秦始皇 講義』, 왕리췬 지음, 홍순도 외 1 옮김, 김영사, 2016년.

『秦崩(진붕)』 리카이위안(李開元) 지음, 이유진 옮김, 글항아리 2021년.

『사기 백과사전』, 왕서우보 지음, 한정선 옮김, 휘닉스, 2010년.

『司馬遷 論稿)』聶石樵 著, 北京師範大學出版社, 1987년.

『사기 2천 년의 비밀』이덕일 지음, 만권당, 2022년.

『사마천 평전』장다커 지음, 옮긴이 장세후, 연암서가, 2023년

『사기 속의 인물이야기』, 엄광용 옮김, 교려실, 2006년.

『사마천 史記 56』, 소준섭 편역, 현대지성, 2016년.

『史記講讀』, 사마천 지음, 진기환 옮김, 명문당, 2001년.

『사마천, 인간의 길을 묻다』, 김영수 지음, 왕의 서재, 2014년.

『한권으로 읽는 사기』, 김도훈 지음, 아이템북스, 2014년.

『사마천의 歷史認識』, 임혜숙 편역, 한길사, 1988년.

『사기 인문학』, 왕서우보 지음, 한정선 옮김, 휘닉스, 2014년.

『사기 1』, 유소림 외, 사사연, 2014년.

『사기 2』, 유소림 외, 사사연, 2014년.

『사기 3』, 유소림 외, 사사연, 2014년.

『司馬遷 史記』, 이성규 편역, 서울대학교출판문화원, 2007년.

『資治通鑑』, 張國剛 지음, 오수현 옮김, 수수밭, 2019년.

『資治通鑑 史料 上, 下』, 권중달 지음, 삼화, 2011년.

『중국황제』 앤 팔루던 지음, 이동진, 윤미경 옮김, 갑인공방, 2004년.

『연표와 사진으로 보는 중국사』. 심규호 지음, 일빛, 2018년.

『이야기 중국사』, 김희영 지음, 청아출판사, 2016년.

『이야기 중국사』, 이형기 엮어 옮김, 아이템북스, 2009년.

『중국도감』, 모방푸 지음, 전경아 옮김, 이다미디어, 2017년.

『중국문화』, 공봉진외, 산지니 간, 2016년.

『중국을 말한다(춘추)』, 천쭈화이 지음, 남광철 옮김, 신원문화, 2008년.

『漢書⑴』, 班固 저, 陣起煥 역주, 명문당, 2016년.

『전국책 1, 2, 3, 4』, 劉向 편, 林東錫 역주, 동서문화사, 2013년.

『십팔사략1, 2』, 曾先之 편, 임동석 역주, 동서문화사, 2013년.

『여인들의 중국사』, 왕번강 지음, 구서인 옮김, 김영사, 2010년.

『后妃』, 샹관핑 지음, 한정민 옮김, 달과 소, 2011년.

『중국 娼妓史』, 왕서노 지음, 신현규 편역, 어문학사, 2012년.

『史記』, 韓兆琦 역주, 中華書房, 2010년.

『史記 世家1』, 金源 편역, 三秦出版社, 2008년.

『史記 世家2』, 金源 편역, 三秦出版社, 2008년.

『史記故事』, 楊建峰 편, 汕頭大學出版社, 2016년.

『歷史的 個性 史記』, 扶欄客 저, 臺灣, 野人文化有限公司, 2017년.

『史記故事 選錄』, 臺灣, 世日文化有限公司, 2015년.

『影響中國歷史的100件 大事』, 文娟 主編, 中國華僑出版社, 2014년.

『司馬遷 史記 1』, 역자 市川宏 외, 日本, ㈜德間書店, 1996년.

『司馬遷 史記 2』, 역자 市川宏 외, 日本, ㈜德間書店, 1996년.

『司馬遷 史記 3』, 역자 市川宏 외, 日本, ㈜德間書店, 1996년.

『司馬遷 史記 4』, 역자 市川宏 외, 日本, ㈜德間書店, 1996년.

『司馬遷 史記 5』, 역자 市川宏 외, 日本, ㈜德間書店, 1996년.

『司馬遷 史記 6』, 역자 市川宏 외, 日本, ㈜德間書店, 1996년.

『司馬遷 史記 7』, 역자 市川宏 외, 日本, ㈜德間書店, 1996년.

『司馬遷 史記 8』, 역자 市川宏 외, 日本, ㈜德間書店, 1996년.

'행복에너지'의 해피 대한민국 프로젝트!

<모교 책 보내기 운동> <군부대 책 보내기 운동>

한 권의 책은 한 사람의 인생을 바꾸는 힘을 가지고 있습니다. 한 사람의 인생이 바뀌면 한 나라의 국운이 바뀝니다. 그럼에도 불구하고 많은 학교의 도서관이 가난하며 나라를 지키는 군인들은 사회와 단절되어 자기계발을 하기 어렵습니다. 저희 행복에너지에서는 베스트셀러와 각종 기관에서 우수도서로 선정된 도서를 중심으로 <모교 책 보내기 운동>과 <군부대 책 보내기 운동>을 펼치고 있습니다. 책을 제공해 주시면 수요기관에서 감사장과 함께 기부금 영수증을 받을 수 있어 좋은 일에 따르는 적절한 세액 공제의 혜택도 뒤따르게 됩니다. 대한민국의 미래, 젊은이들에게 좋은 책을 보내주십시오. 독자 여러분의 자랑스러운 모교와 군부대에 보내진 한 권의 책은 더 크게 성장할 대한민국의 발판이 될 것입니다.

NAVER 선정
**베스트
셀러**

YouTube
**구독자
60만명**

제 3 호

감 사 장

도서출판 행복에너지
대표 권 선 복

귀하께서는 평소 군에 대한 깊은 애정과 관심을 보내주셨으며, 특히 육군사관학교 장병 및 사관생도 정서 함양을 위해 귀중한 도서를 기증해 주셨기에 학교 全 장병의 마음을 담아 이 감사장을 드립니다.

2022년 1월 28일

육군사관학교장

중장 강 창